KB124122

아무것도 아닌 것이 행복이다

크리슈나무르티의 명상편지

아무것도 아닌 것이 행복이다

글 크리슈나무르티 | 옮긴이 장승윤

멜론

1부

젊은이에게 보내는 편지

2부

크리슈나무르티가 젊은이에게

이 편지는 크리슈나무르티가 세상을 살면서 몸과 마음에 상처를 입고 그에게 찾아온 한 젊은 영혼을 위해 쓴 것이다.

1948년 6월부터 1960년 3월까지 12년 동안 보낸 편지들은 저녁 산들바람 같은 부드러운 인간에 대한 연민과 아침이슬 같은 영롱한 영혼의 깨우침을 전해준다. 그의 깨우침과 치유의 언어는 사람과 사람 사이의 거리감을 좁혀주듯 마치 강물 흐르듯 유연하게 흘러간다.

크리슈나무르티가 일상에서 얻은 깨달음의 세계는 그

의 마음속으로 편안하게 다가갈 수 있는 길을 열어주었고, 많은 사람은 그를 찾아가 존재에 대한 답을 찾았다. 그와 만나고 함께 걸으면서 자신 속에 숨겨진 마음의 꽃을 발견했다. 또한 수많은 편지들을 통하여 친구 관계를 맺으며 삶과 인생의 꽃을 나눴다.

크리슈나무르티가 편지에 담은 단어 하나, 문장 하나마다 삶의 지혜와 삶에 대한 일상 속의 경이로운 모습들로 가득 차 있다. 아무것도 아닌 사람이 행복한 거야! 라고 말하는 그의 명상 세계로 안내한다.

마음산책가이자, 명상가인 크리슈나무르티가 상처받은 영혼과 나눈 깨달음의 언어를 만나는 순간, 당신의 인생은 행복의 순간으로 변할 것이고, 평화의 꽃들로 가득 찬 진정한 마음 정원이 펼쳐질 것이다.

푸폴 자야칼

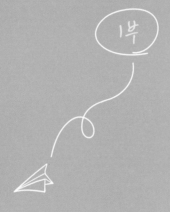

1부

젊은이에게 보내는 편지

그 무엇도 사랑을 망가뜨릴 수는 없어요

무엇보다 정신적으로 유연해지세요. 강인함은 단단하고 견고한 것에서 오는 것이 아니라, 유연한 사고에서 나옵니다. 보세요! 흔들리는 나무는 돌풍 속에서도 살아남지요. 소용돌이치는 마음속에서 강인함을 가지세요. 그 강인함은 부드러운 데서 시작됩니다.

삶은 참으로 이상해요. 예상치 못한 많은 일들이 일어나고 그에 대한 미약한 저항은 그 어떤 문제도 해결해주지 못하죠. 우리에게 필요한 것은 무한한 유연함과 단

하나의 마음을 갖는 것이에요. 또한 인생은 면도날과 같아요. 우리는 그 위험한 면도날 위를 유연한 생각과 행동의 지혜를 가지고 걸어가야만 해요.

삶은 너무나 풍성한 것이지요. 수많은 보물들이 기다리고 있어요. 우리는 마음을 비우고 그 보물들을 향해 걸어가야 해요. 텅 비어진 마음을 어떻게 삶의 풍성함으로 채워야 할지는 누구도 알 수가 없어요. 우리는 삶의 보물들이 우리에게 다가올 때, 어찌할지를 모르고 이를 거부한 적도 있지요.

사랑은 행복의 결정체를 우리에게 가져다줄 수 있는 혁신에 가까운 것입니다. 그렇다 보니 위험도 따르지요. 자신이 꿈꾼 사랑에 성공하기 위해선 사랑을 감당할 수 있는 많은 인내가 필요해요. 각자의 기준으로 사랑을 하겠지요. 어떤 사람들은 사랑을 물건의 가치로 판단할지도 모릅니다.

우리는 세상을 물건의 가치로 재단하지만, 사랑은 물건의 가치로 판단하거나, 기브 앤 테이크로 판단할 수 있는 것이 아닙니다. 사랑은 인간의 모든 문제를 해결해 줄 수 있는 마음의 상태입니다. 우리가 가죽으로 된 작은 골무를 끼고 세상에 나간다면, 삶은 결국 자신이 끼고 있는 골무마냥 싸구려 티가 나는, 아주 작고 보잘 것 없는 것이 돼 버리겠지요.

수많은 아름다움과 수많은 영광과 사라지지 않는 사랑스러움이 가득한 것만으로도 이 세상은 얼마나 멋진 곳인가요! 우린 고통 속에 사로잡혀 밖으로 나갈 생각조차, 큰 세상을 향해 가려고 하지 않죠. 심지어 누군가가 고통 밖으로 나갈 수 있는 길을 가리켜 주고 있는데도 말이에요.

지금 누군가는 활활 타오르는 사랑의 불길 속에 있을 겁니다. 이는 억제하기 힘든 불길이지요. 어떤 이는 너무나 큰 사랑의 불길을 가지고 있어 이를 모두에게 나눠주고 싶어 하고, 또 누군가는 이 사랑의 불길을 나눠주며 살아가고 있을지 모릅니다.

사랑은 세차게 흐르는 강과 같아서 주변 도시와 마을의 땅을 비옥하게 하고 필요한 물을 대주는 것과 같아

요. 물론, 강물은 언제든지 오염될 수 있고, 인간의 추함
이 언제고 강물을 더럽게 만들 순 있겠지만 강물은 곧
스스로 깨끗하게 정화하고 계속해서 제 갈 길을 갑니다.

이 세상의 그 무엇도 사랑을 더럽힐 순 없어요. 그 어
떤 것이든 사랑 속으로 녹아들기 때문이지요. 그것이 좋
은 것이든 나쁜 것이든, 못난 것이든 아름다운 것이든
상관없이 말입니다. 사랑은 그 자체로 영원한 것이에요.
그 자체로 위대한 헌신입니다.

당신 자체가 모든 것이에요

오늘 만나는 주변 공원이나 가로수길 또는 숲길에서 나무를 한번 바라보세요. 늠름하다는 생각 안 드세요? 나무들은 너무도 근엄하게 그리고 놀라울 만큼 튼튼하게, 인간이 포장한 도로와 자동차들 사이에서 그 자리를 항상 지키고 있어요. 이들의 뿌리는 깊고, 땅속 깊은 곳까지 뻗어 있으며, 이들의 가지는 하늘을 향해 높이 솟아 있습니다.

우리는 모두가 그러하듯, 그러해야 하듯 땅 위에 뿌리를 내리고 있어요. 그러나 많은 이들이 땅 위에 그저 붙

어있거나 단순히 기어가는데 그칩니다. 아주 적은 몇몇
만이 하늘을 향해 솟아오르지요. 이들이 바로 행복한 사
람들입니다. 이들 외엔 남들에게 상처를 입히고 자신에
겐 너무나 관대한 채로 남에 대해 험담하고 헐뜯습니다.
사랑스러운 땅 위에서 사람과 사이를 망가뜨릴 뿐이죠.

　당신은 열린 사람이 되도록 하십시오. 반드시 과거 속
에 살아야 할 이유가 있다면 과거에 사는 것도 나쁘지
않지만, 과거 속에서 몸부림치지는 마십시오. 당신에게
갑자기 과거가 찾아오는 순간이 있다면 밀어내지도 혹
은 지나치게 안주하지도 말고, 그 과거 속을 가만히 들
여다보십시오. 자신이 지금껏 살아온 모든 시간 속의 상
처와 기쁨, 가혹한 시련과 이별의 경험, 이해되지 않는
일들 이 모든 것들이 삶을 더 풍족하게, 더 아름답게 만
드는 것들입니다.
　중요한 건 말이죠, 이 모든 것들이 이미 당신의 마음
속에 있다는 것이에요. 또한 그것은 차고 넘칠 정도로
많기 때문에 당신은 이미 모든 것을 가지고 있는 것과

같습니다. 결국 당신 자체가 모든 것이라는 사실입니다. 자신의 생각과 감정에 귀를 기울이고, 그 어떠한 것도 자신이 모른 채 잊히지 않도록 하십시오.

갖은 생각과 모든 감정을 온전히 받아들이도록 하세요. 단순히 받아들인다는 것보다는 생각과 감정의 내용을 온전히 바라본다는 것이 좀 더 적합한 표현이겠지요. 무엇보다 충분히 바라본 후 자신의 것으로 만드는 것입니다.

이것은 마치 방 안으로 들어가 그곳의 모습, 그 속의 분위기, 그 공간을 한눈에 바라보는 것과 같습니다. 자신의 생각을 바라보고 인식하는 것은 자신을 굉장히 세심하고 유연한 그리고 깨어있는 사람으로 만들어줍니다. 비난하거나 판단하려 하지 말고 그저 자신에게 깨어있는 사람이 되라는 말입니다. 순금은 여러 번의 정제 과정을 통해 얻어집니다.

참 어려운 일이죠. 자신의 존재를 고찰하는 것은……
어떻게 하면 자신의 존재 의미를 명확하게 고찰할 수

있을까요? 장애물을 만난 강은 절대 고요하게 흐르지 않습니다. 강은 자신의 무게로 장애물을 무너뜨리려 하거나 장애물을 넘어가거나 혹은 그 아래로 흘러 들어가거나, 옆으로 돌아 흐르지요.

강은 어떤 경우에도 정지하지 않고 계속해서 흘러 흘러갑니다. 자기 갈 길을 가는 것이지요. 지적인 의미로 비유해서 말한다면 이는 강이 앞에 놓인 장애물에 저항하는 것과 같다고 할 수 있죠. 강물은 자신의 존재를 인식하고 다가오는 장애를 정면으로 극복하거나 돌아가는 지혜를 발휘합니다.

인간 역시 강물처럼 현명하게 저항하고 현명하게 존재를 받아들여야만 해요. 자신의 존재가치를 인지하기 위해선 지적인 저항 정신이 있어야만 합니다. 장애물에 실수로 넘어지지 않기 위해선 일정한 지성이 있어야 한다는 말이지요. 하지만 일반적으로 많은 이들이 자신이 원하는 것을 얻는 것에만 급급해 장애물을 향해 아무 생각 없이 돌진합니다.

이로 인해 장애물에 스스로를 부딪쳐 다치거나, 장애

물과 싸우다 제풀에 지쳐버리는 경우가 많아요. 순리에 따른 지혜가 필요한데 그걸 인지하지 못하는 거죠. 밧줄을 밧줄로 보는 것은 아무런 용기가 필요없지만 한 번 뱀으로 잘 못 본 밧줄을 다시 제대로 관찰하는 데는 용기가 필요합니다.

우리는 의심하고, 필요하다면 탐색하여, 그른 것을 그른 것으로 볼 수 있어야 하지요. 깊은 관심을 통해 우리는 사물을 명확하게 바라볼 수 있는 힘을 가지게 됩니다. 당신 역시 그 힘이 당신에게 오는 것을 어느 순간 느끼게 될 것입니다.

강이 끝없이 흐르며 한순간도 멈추지 않듯, 인간 역시 끊임없이 행동해야 합니다. 매사에 의구심을 가지고 행동해야 하지요. 바로 이 의구심이 긍정적인 행위를 불러오는 중요한 역할을 합니다. 결국, 중요한 것은 존재를 명확하게 바라보는 거예요. 그 존재의 인지가 모든 행위를 불러온다는 사실을 인식하는 것이지요. 사고가 유연해지면 무엇이 옳은지 그른지에 대해 여지가 없을 것입니다. 강물은 거대한 힘을 가지고 있지만 그 또한 아주 유연한 물에서 시작합니다. 처음엔 작은 빗방울에서 시작하지요.

인간은 스스로의 내면을 명확하게 바라볼 수 있어야 합니다. 그렇게 되어야만 모든 것들이 옳은 방향으로 흘러갈 것이라고 저는 장담합니다. 존재에 대해 명확하게 인식한다면 당신이 그 존재에 대해 어떠한 행위를 하지 않아도 그 존재 자체가 옳은 방향으로 형성되는 것을 볼 수 있을 겁니다. 여기서 말한 옳은 방향이란 누군가의 바람도 투영되지 않은 순수존재, 그 자체의 방향이기 때문입니다.

역사 속 거대한 사건이 아닌, 일상 속 작은 것들 속에도 완전한 혁명은 반드시 존재합니다. 당신도 그러한 혁명을 겪어왔을 테니, 안주하지 말고 계속해서 그 혁명을 이루어 나가십시오. 보다 멋진 인생을 위해 당신 내면 속의 물이 언제든지 팔팔 끓도록 하십시오.

함
께
살 지
려 혜
면 가

필
요
해
요

어떠세요. 오늘은?

평온한 밤을 보낸 끝에 창문 너머로 비춰오는 즐거운 햇살을 만끽했길 바랍니다. 그리고 당신이 잠자리에 들기 전에 평화롭게 하늘의 별들 역시 볼 수 있었기를 바랍니다.

우리는 정말 사랑에 대해 아는 것이 많지 않습니다. 그 놀라울 정도의 부드러움과 강인함에 대해서 말입니다. 그럼에도 얼마나 쉽게, 흔하게 사랑이란 단어를 사용하는지 말입니다. 너무 써서 달아버릴 정도로 많은 사람이 사용하지요. 부자들도 가난한 이들도 사용하고 저기 보이는 어린 소년과 소녀들 역시 사용해요. 정육점을 운영하는 이들도, 카페나 빵집을 운영하는 이들도 사용합니다.

하지만 얼마나 사랑을 제대로 알고 이를 사용하는지는 모르겠어요. 사랑의 진정성도, 거대함도, 영원함도, 그 무한함에 대해서 지극히 일부분만을 알고 있을 뿐입니다. 사랑을 한다는 것은 순간에서 영원함을 이해하는 것과 같지요.

사람 사이에서 관계란 무엇일까요?

우리는 쉽게 관계의 습관 속에 빠지고 쉽게 많은 관계를 너무나 당연하게 여기지요. 하지만 쉽게 받아들일 수 있도록 허용된 영역 속에서 어떠한 변화도 받아들이지 않기도 합니다. 단 1초도 불확실한 행위를 허용하지 않기도 해요.

우리가 흔히 말하는 관계는 너무나 훌륭하게 규정되고 안정적이며 고정되어 있어서 그 어떠한 새로움, 새롭게 불어 오르는 맑은 봄 내음조차 느껴볼 기회가 전혀 없습니다. 그럼에도 우린 이런 모든 것들을 관계라 부르고 규정하고 있지요.

하지만 우리가 좀 더 긴밀히 관찰한다면 관계란 훨씬 미묘하고 번개보다 역동적이며 대지보다 훨씬 웅장하다는 것을 알 수 있어요. 관계란 결국 삶이기 때문입니다.

삶은 갈등입니다. 우리는 관계를 난잡하고 어렵고 다루기 쉬운 것으로 만들려는 경향이 있습니다. 그렇다 보니 관계는 그 자체의 향기와 아름다움을 잃고 말지요. 이 모든 것의 가장 큰 원인은 우리가 실제로 사랑을 하는 것이 아니기 때문입니다. 진실된 관계를 가진다는 것은 자신을 완전히 버려야 하는 것이지요. 일종의 희생이 동반되는 것이 관계의 특성입니다.

진정한 관계는 신선함과 새로움을 필요로 합니다. 그것이 관계의 본질이거든요. 그렇지 않다면, 우리의 삶은 그저 일상, 습관이 될 뿐입니다. 사랑은 습관이나 지루한 것이 아닙니다. 많은 이들은 경이로움의 감각을 대부분 잃어버린 채 살고 있습니다. 많은 사람이 습관화된 모든 것을 당연한 것들로 받아들이지요. 이제 눈을 뜨세요. 자유와 경이로움을 무너뜨리는 습관적인 관계를 과감하게 차버리세요.

당신은 지금 즐거운가요?

우리는 현재로부터 멀리 떨어진, 먼 미래만을 예측하곤 해요. 하지만 알거나 이해하고자 하는 것들의 관심은 언제나 현재에 존재합니다. 관심은 언제나 절박함을 동반하지요. 자신의 의도를 명확하게 표현하는 것은 상당히 까다로운 일입니다. 의도란 불길과 같아서 쉬지 않고 다른 이가 그것을 이해해 주기를 끊임없이 바랍니다.

어떤 일이든, 생각이든 당신의 의도가 무엇인지 명확하게 보여주십시오. 그럼 많은 것들이 문제없이 흘러가는 것을 보게 될 것입니다. 물론, 현재 자신의 의도를 명확히 하는 것이 우리 모두에게 필요한 전부지만 그게 말처럼 쉬운 것은 아니에요. 새로운 씨앗이 자랄 자리를 깨끗하게 비워두세요. 씨앗이 심어지면, 씨앗이 가진 생명력과 활기는 열매를 맺고 또 다른 씨앗을 맺지요. 외적인 미는 절대 영원할 수 없습니다.

삶에서는 내, 외면의 조화가 중요하지요. 내적인 기쁨과 행복이 없다면 외적인 미는 결국 의미 없이 끝나게 됩니다. 우리는 외적인 미에 수많은 노력을 기울이면서도 정작 우리 내면의 아름다움에는 크게 신경 쓰지 않는 경우가 많습니다. 그러나 내적인 아름다움이야말로 외적인 아름다움을 언제나 압도하는 존재입니다. 사과의 신선함을 망가뜨리는 것은 그 안의 작은 벌레 한 마리인 것처럼 말입니다. 삶의 신선함은 내면에 존재하고 있는 것이지요.

두 사람이 서로에게 잊힌 듯이 함께 살아가며 서로에게 구속되거나 어느 한 쪽에 종속되지 않기 위해선 부단한 노력이 필요하다는 것을 잊지 마십시오. 관계란 삶에서 가장 어려운 것이기 때문이지요.

삶은 경험의 연속인가요?

사람들은 친근한 분위기 속에서 자유롭고 자연스럽게 스스로를 꽃피울 수 있는 따뜻한 분위기를 원합니다. 이런 분위기는 사실 찾기 힘듭니다. 그러다 보니 많은 사람이 정신적으로 성장하기 어렵지요. 나는 당신이 그 이상한 분위기 속에서 비뚤어지지 않고 여태껏 살아남았다는 사실이 그저 자랑스러울 뿐입니다. 사람들은 당신이 그 분위기 속에서 완전히 망가지고, 얼룩지고 뒤틀리지 않은 이유를 결국 알 수 있을 것입니다. 당신은 겉으로는 최대한 빠르게 적응했고, 안으로는 자신을 정화할 수 있도록 스스로 잠들게 했기 때문입니다. 당신이 살아 남게 만든 것, 그것은 당신 안의 무감각입니다.

만약 당신이 외부의 예민함과 함께, 안으로 마저 깨어있었다면, 당신은 그 분위기를 견디지 못하고 갈등으로 부러지고 망가지게 되었을 겁니다. 당신이 내적으로 깨어있고 맑은 정신을 견지하고 있었기 때문에 그 분위기와 갈등을 겪지 않았던 겁니다. 이 갈등이 바로 왜곡을 일으키는 원인이지요. 당신이 내적으로 예민하게 깨어있으며, 외적으로 주변의 일들을 따뜻한 태도로 받아들인다면 앞으로도 상처를 입지 않은 채 살아갈 수 있을 겁니다. 적어도 상처를 덜 받을 것입니다.

경이로운 삶은 어디에서 올까요? 한시적인 것과 영원한 것의 차이는 무엇일까요? 세상에서 대체될 수 있는 많은 것들은 곧 시들어 버리지요. 소유한 그 무엇의 크기와 상관없이 우리는 충분히 세속적인 것을 즐기는 사람이 될 수도 있습니다.

어떠한 형태의 힘에 대한 욕망, 예를 들어 거대한 자

본가, 정치가 혹은 교황의 힘은 세속적이지요. 힘에 대한 굶주림은 잔혹함을 기르고 자기 자신에 대한 중요성만을 항상 상기시키는 등 스스로 커져가는 공격성은 세속성의 본질이라고 할 수 있어요. 겸손은 소박함의 상징이지만, 의도적으로 길러진 겸손은 세속성의 또 다른 형태입니다.

아주 적은 수의 사람들만이 자신의 내적 변화, 실패, 갈등 그리고 왜곡된 모습을 인지하지요. 설령 이를 인지하고 있다 해도 많은 이들이 이러한 감정을 옆으로 제쳐두거나, 그로부터 도망치려고 합니다. 당신은 절대 그렇게 하지 마십시오. 자신의 생각과 감정을 지나치게 자신 가까이에 두고 살아가는 것은 항상 많은 위험을 동반합니다. 우리는 분노와 압박감 없이 자신의 생각과 감정을 인지할 줄 알아야 합니다. 진정한 변화는 당신의 삶 속에서 이미 일어나고 있습니다. 그 때문에 당신은 스스로의 생각과 감정을 잘 알아야 할 필요가 있지요. 그 생각과 감정을 있는 그대로, 옳은지 그른지 확인하지도 걸러내려 하지도 말고 모두 내보내십시오. 온화한 것이든 폭

력적인 것이든 상관없이 모두 쏟아져 나오도록 내버려
두십시오. 단, 그 모두를 스스로 인지할 것을 잊어서는
안 됩니다.

당신은 지금 현실 속에서 어떤 욕망을 가지고 있습니
까?

세상은 참 좋은 곳이지만, 우린 이 세상에서 잠시라도
벗어나기 위해 그 무언가를 숭배하고 신을 향해 기도하
지요. 세상을 살아가는 두려움이 있지만 그 두려움을 극
복하기 위한 영혼의 친구를 만나려고 사랑을 시도해요.

우리는 스스로가 풍족한지, 가난한지조차 모르고 단
한 번도 우리 내면 깊은 곳을 들여다본 적도 우리의 존
재에 대해 발견해 본 적도 없습니다. 우리는 이 땅 위의
삶에 대해 크게 만족하지 않고, 너무도 작은 것들에 의
해 우리 행복이 좌지우지되는 것을 느낍니다. 우리의 옹
졸한 마음이 사소한 문제를 일으키고 그에 따르는 하찮
은 해답을 가져오게 하지요. 그렇게 하루하루를 살아가
고 있어요. 진정한 사랑도 하지 않습니다. 설령 사랑을

한다 해도 두려움과 좌절, 슬픔과 갈망 때문에 갈등하고 고민도 하지요. 이 자체를 감내해야 진정한 사랑에 도달하는 겁니다.

나는 항상 순수한 마음을 가지는 것이 얼마나 중요한 것인지 생각합니다. 삶이란 경험들의 연속입니다. 삶이 지속되는 한 경험은 불가피합니다. 우리의 정신이 모든 경험들에 태산 같은 에너지를 항상 쏟을 필요는 없습니다. 오히려 모든 경험들을 잊어버리고 언제나 새롭고 순수한 상태로 유지하는 게 더 중요할지도 모릅니다. 아무런 부담을 가지지 않는다는 말이지요. 이건 정말 중요한 사실입니다. 그렇지 않다면, 우리의 정신은 절대 새롭고 총명하게, 유연한 상태를 유지할 수 없게 되거든요.

'어떻게' 정신을 유연하게 유지하는가는 중요한 문제가 아니에요. '어떻게'는 방법에 대한 질문이기에, 방법만으론 우리의 정신을 순수하게 유지할 수 없어요. 방법에 대한 해답은 생각을 조금 체계화시킬 수는 있겠지만, 절대 순수하고 창의적으로 만들지는 못합니다.

비
고
는
끊
임
없
는
투
쟁
이
죠

어제 오후부터 비가 내립니다. 어찌나 비가 많이 내리
던지요. 그렇게 퍼붓듯이 쏟아지는 비는 처음 보았어요.
그것은 마치 천국이 열리는 것과 같은 웅장한 소리였습
니다. 그 퍼붓는 비는 놀라울 정도의 적막함도 함께 가
져왔지요. 비가 주는 무게의 적막함, 대지 위로 퍼붓는
세찬 빗줄기의 엄청난 무게가 주는 적막감이 비와 함께
몰려왔어요.

세상을 살면서 언제나 단순하고 분명한 마음을 유지
하는 것은 힘듭니다. 우리가 사는 세상은 모두가 성공을

숭배해요. 성공의 크기가 크면 클수록 더욱 좋다고 생각하지요. 관객, 청중, 독자, 지지자가 많을수록 강한 영향력을 보여줍니다. 빌딩도, 차도, 비행기도, 심지어 사람마저도 더 큰 것을 선호합니다. 작은 것이 갖는 가치의 숭고함은 사라졌습니다.

삶에 있어 진정한 혁명가가 되는 것은 마음가짐과 정신을 완전히 새롭게 다잡는 것으로부터 시작하지만, 이를 실제로 할 수 있는 사람은 보기 드물어요. 어떤 이들은 표면에 드러난 곁뿌리를 자르지요. 하지만 성공을 위해 기존의 고착화된 곁뿌리를 자르려면 말 몇 마디, 몇 가지 방법, 단순한 강요 그 이상의 무언가가 필요합니다. 이를 할 수 있는 사람이 많지는 않아 보이지만, 진정한 삶의 건축가들은 분명 존재하고 해냅니다. 그 외의 사람들은 아무런 소득 없이 곁으로 드러난 뿌리만을 자를 뿐이지요.

사람들은 끊임없이 타인과 자신을 비교합니다. 타인 그 자체, 자신이 갈망하는 타인의 모습, 자신보다 좀 더

운이 좋아 보이는 타인과 말입니다. 비교는 자신을 죽이는 행위입니다. 그것은 삶을 비하하는 것이며 동시에 한 사람의 세계관을 왜곡하지요. 또한 비교는 자연스럽게 어느 한쪽을 더 우위로 만듭니다. 우리의 교육이 이것에 기반하고 있고 그렇기에 이는 우리의 문화이기도 합니다. 이 때문에 현재 자신의 모습 그 이상의 무언가가 되기 위해 허우적거리지요. 자신의 존재에 대한 이해는 창의력을 발견하기도 하지만, 비교는 경쟁심, 잔인함, 야망을 키웁니다. 이들은 우리가 흔히 혁신을 가져온다고 믿는 것들이에요. 잘못된 혁신은 지금껏 유래 없이 더 많은 잔인한 전쟁과 참혹함만을 가져왔어요. 비교를 하지 않고 아이를 키우는 것이야말로 진정한 교육이라고 할 수 있습니다.

때론 글로 쓰여 있는 것들이 이상하게 보이지요. 굉장히 불필요한 것처럼 보여요. 중요한 것은 이쪽에 있고 당신은 저편에 서 있다는 것입니다. 진실한 것들은 항상 비슷하지요. 그것들에 대해 글을 쓰거나 말을 하는 것은 참 불필요한 일입니다. 또한 바로 그 무언가에 대해 글을 쓰고 언급하는 것은 때때로 진실을 왜곡하고 망쳐버리기도 합니다. 우리가 사는 세상엔 진실한 것들로부터 파생되어 언급된 수많은 조각들이 존재합니다. 이렇게 조각조각 언급된 것들은 많은 이들로 하여금 이를 따르고 실천하게끔 만들지요. 그것이 작든 크든 자신들 만의 방식으로 말입니다. 이 실천에 대한 욕구는 어떠한 방식으로든 충족되지만, 이 언급된 조각의 충족과 함께 그 안에 더 깊이 내재된 진실한 것은 점차 사라집니다.

그게 우리가 종종 겪고 있는 일이지 않은가요? 그렇지요? 욕구에 대한 충족은 참 사소한 일입니다. 물론 기쁨을 주지만요.

이 조각에 대한 욕구가 충족되고 만족감이 커져가고 일상이 되어가면서 지루함이 자리를 잡기 시작합니다. 그러다 보면 진실한 것은 점점 사라져요. 단순한 실천에 대한 생각보다는 진실한 것을 있는 그대로 바라보는 그 자세가 중요한 것이란 말입니다. 마지막에 남아야 하는 것은 바로 진실한 것과 그에 대한 경이로움입니다.

우리는 홀로 있는 경우가 많지 않아요. 항상 다른 사

람들이 와줬으면 하는 생각과 더불어 곧 이루어질 것이라 믿는 소망들과 함께합니다. 홀로 있음 즉 고독은 인간이 외부의 영향을 받지 않고 오염되지 않기 위해선 필수적인 것입니다. 하지만 현실에선 고독을 위한 시간이 없는 것처럼 보이지요. 자신이 책임지고 해야 하는 일과 같은 것들이 너무 많습니다. 이럴수록 고요함을 배우기 위해선 방문을 닫고 자신의 정신에 휴식을 주는 것이 반드시 필요합니다.

사랑 또한 고독의 일부이지요. 단순함과 명료함을 가지는 것, 내적 고요함을 견지하는 것은 그 사랑의 불꽃을 가지는 길입니다.

쉽진 않겠지만, 세상에 바라는 것이 많을수록 세상은 더욱 두렵고 고통스러운 존재가 됩니다. 비록 주변의 많은 이들과 일들이 영향을 미친다 해도 단순함을 유지하고 외부 영향을 받지 않은 채, 감정의 큰 변화와 많은 욕구 없이 살아가는 것이 쉽지만은 않지요. 하지만 깊고 고요한 삶이 없이는 모든 것들이 허상일 뿐입니다.

참
이
상
해
요

긍
지
는

푸른 하늘을 보세요. 얼마나 거대하고 시공을 초월하는지요. 거리와 공간이란 우리 마음이 만들어낸 것이지요. 사실 어디에 있으나, 인간의 욕구가 생기는 순간 심리적인 요소를 띄게 됩니다. 정신이란 참 이상한 현상입니다. 굉장히 복잡하지만, 본질은 아주 단순하지요. 수많은 심리적 충동에 의해 복잡하게 만들어진 것입니다. 이 심리적 충동이야말로 갈등, 고통, 저항 그리고 습득의 원인이 되는 것입니다.

이와 같은 심리적 충동을 인지하고, 거기에 얽매이지

않고 이들을 그저 지나가게 만드는 것은 아주 어려운 일입니다. 삶이란 거대하고 끊임없이 흘러가는 강과 같습니다. 우리의 마음은 이 강에 그물을 펼쳐 놓고 어떤 것들은 흘려보내고, 어떤 것들은 걸러내지요. 이 그물을 없애야만 합니다.

그물은 시간과 공간의 성질을 지니고 있습니다. 이곳과 저곳, 행복과 불행, 이 구분을 만들어내는 것은 바로 그 그물입니다.

그거 아세요?

긍지는 작든 크든 참 이상한 것입니다. 긍지는 소유물, 우리의 업적, 우리의 미덕, 인종, 이름, 가족에 대한 것일 수도 있고 자신의 역량, 외모, 지식에 관한 것일 수도 있어요.

우리는 이 모든 것들을 긍지의 근원으로 삼지요. 때론 반대인 겸손의 근원으로 만들기도 합니다. 그런데 말이죠. 긍지의 반대는 겸손이 아닌 긍지 그 자체입니다. 그저 그것에 이름 붙이기를 겸손이라 한 것일 뿐이지요.

겸손에 대한 의식은 긍지의 한 형태입니다.

우리의 마음은 반드시 어떤 상태일 수밖에 없습니다. 반드시 어떠한 심리적 상태로 존재할 수밖에 없어요. 다시 말해, 절대 '무(無)'의 상태로 존재할 수 없다는 말입니다. 만약 무의 상태가 또 다른, 새로운 마음의 상태라면, 누군가가 이 진정한 무의 상태를 경험할 수 있어야 해요. 단순히 마음의 고요함을 위한 시도는 시도에 대한 경험일 뿐이지요. 다시 말해 마음에 무의 상태가 있음을 알아내기 위해선, 단순한 시도 그 이상의 노력을 다해야 한다는 겁니다.

우리의 삶은 공허합니다. 수많은 비즈니스 활동, 추측, 명상, 슬픔 그리고 기쁨들로 가득 차 있음에도 불구하고 우리의 삶은 공허합니다. 어떤 사람이 가진 직위, 권력 그리고 돈을 빼고 나면 그 사람에겐 과연 무엇이 남을까요? 그 사람은 겉으론 모든 것들을 소유하고 있어도 내적으론 공허하고 허전할 겁니다.

그 누구도 그 두 개를 같이 가질 순 없어요. 외적, 내적 부유함 말입니다. 내적 부유함은 외적 부유함을 훨씬 압도하지요. 외적 부유함은 도둑맞을 수도 있고 외부 요인에 의해 망가질 수도 있습니다. 하지만, 내적 부유함은 부패하지 않으며 그 어떤 것도 손댈 수 없습니다. 내적 부유함은 감정에 의해 쌓아진 것이 아니기 때문입니다. 그것은 심연의 운동이기 때문입니다.

성취에 대한 욕구는 사람들 안에 강하게 자리 잡고 있고, 사람들은 이 욕구를 어떠한 수단을 써서라도 추구하려 합니다. 이 성취는 어떤 방식 혹은 방향이든 사람들을 살아가게 만들어요. 만약 성취가 한 방향에서 실패했다면 사람들은 다른 방식을 시도하겠지요.

생각해 보세요? 성취에 그런 면이 있었는지. 성취는 특정한 만족감을 가져오지만, 그 만족감은 곧 사라지게 되고, 우리는 또 다른 성취를 위해 방향을 돌릴 겁니다. 욕망이란 무언가가 되고, 어떤 상태가 되고 싶은 것에 대한 노력이며, '되고 싶다'는 생각의 종료와 함께, 성취를 위한 몸부림은 사라진다는 것을 잊지 마십시오.

인
정
받
길 원
하
세
요

우리는 산을 언제나 늠름하고 웅장하다고 느낍니다. 그러나 산은 고독합니다. 산속에 비가 내리고, 빗방울이 고요한 호수 위로 떨어지는 것은 사랑스러운 일이지요. 비가 내리면 흙 내음이 풋풋하게 피어오르고, 수많은 개구리들의 울음소리가 울려 퍼집니다.

안개처럼 자욱하게 비가 내리는 열대 우림은 신비스런 황홀경을 펼쳐 보입니다. 모든 것들은 깨끗하게 씻겨 내려가고 나뭇잎 위에 내려앉았던 흙먼지도 씻겨나가고 물 흐르는 소리가 들려오기 시작하고 강물은 다시 살아납니다.

나무들은 초록 장관을 이루고, 척박했던 땅은 어느새 새로 자라나는 잔디들로 뒤덮입니다. 수많은 곤충들이 어디선가 나타나고 척박했던 땅은 기력을 되찾아 마침내 만족스럽고 평화로운 대초원이 연출되지요. 내리쬐는 햇살은 약해진 듯 보이고 땅은 아름다움과 풍족함을 가진 초록색 땅으로 변해요. 그곳에 사는 인간은 씻겨나간 자신의 터전을 다시 일구고 땅은 다시 한번 풍족하게 변하고 공기 중엔 황홀한 분위기가 감돕니다.

한번 생각해 보세요.

얼마나 많은 사람들이 인정과 칭찬을 원하는지 참 신기할 정도입니다. 최고의 시인, 철학자, 정치가로 인정받는 것 말입니다. 혹은 누군가의 자존감을 올려주는 것들도 마찬가지지요. 인정과 칭찬은 엄청난 만족감을 주지만 그것이 가지는 외적 의미에 비해 내적인 가치는 과연 어떨지 궁금해요.

사회적, 인간 관계적, 경제적 능력에 대한 인정은 누

군가에겐 허영의 토대가 되고 때론 주머니를 채워주기도 하겠지요. 하지만 그런 다음은요? 인정은 사람을 달리 보이게 만들고 받들게 만들고 구분을 지어버립니다. 많고 적음, 있고 없음, 높고 낮음 같은 이 분열은 그 자체로 문제를 일으키며 그러한 문제는 점차 부풀어 오르며 커집니다.

비록 만족감을 주긴 하지만 인정은 그 자체로 끝나는 것이 아닙니다. 대부분의 사람들은 인정받고 싶은 욕구, 욕구를 충족한 후 성취감에 취하고 싶은 욕망에 사로잡혀 있어요. 이 욕구를 이루기 위해선 실패 역시 불가피한 것입니다. 실패는 언제나 좌절감을 동반하지요. 성공과 실패 그 모두로부터 자유로워지는 것이야말로 진정한 것입니다. 시작할 때부터 결과를 쳐다보지 않고, 그저 자신이 사랑하는 것을 하는 것. 사랑은 그 어떤 보상도, 처벌도 없어요. 사랑이 있다면, 이 모든 것은 참 간단한 일이라는 얘기입니다.

우리는 우리 스스로에 관심을 가지는 일이 거의 없습

니다. 자세히 들여다보지도, 스스로를 되돌아보지도 않습니다. 우리는 참 이기적이라, 수많은 걱정과 자신의 이익 때문에 스스로를 돌아보고 이해할 시간이 없지요.

이 수많은 생각들은 정신을 흐리고 지치게 만들고, 좌절하고 슬프게 만들고, 슬픔에 이르렀을 때 비로소 그 생각들로부터 벗어나고 싶어 합니다. 자신에 대한 의식이 계속되는 한, 우리를 지치게 하는 마음속 흐릿함과 좌절은 계속될 겁니다. 이 슬픔은 깊은 무분별함입니다. 생각이 깨어있는 자, 스스로를 돌보는 이들은 이것으로부터 자유로운 이들이라는 것을 명심하십시오.

하나뿐인 고통입니다
하나의 바람이야말로

　강은 얼마나 사랑스러운지요. 넉넉하고 풍족하며 힘차게 흐르는 넓은 강이 없는 시골은 시골이라고 부르기에는 어딘가 아쉬움이 있습니다.

　강둑에 앉아 흐르는 강물을 우두커니 바라보는 것. 부드러운 잔물결의 은빛축제를 바라보고 강둑으로 퍼져 나오는 물소리를 듣는 것. 수면 위에 다양한 문양을 만들어내는 바람을 보는 것. 제비가 강물에 살짝 발을 담그는 것을 보는 것. 물이 지나가던 곤충을 삼키는 것. 고요한 해 질 녘 건너편 강둑 위에 사람들의 목소리 혹은 한 아이가 플루트를 연주하는 소리를 듣는 것.

이 모든 것들이 주변에 보이고 들리는 것들은 마치 하나의 풍경인 것 마냥 고요하게 만듭니다. 언제나 물은 우리를 정화시키는 것처럼 보이지요. 어제의 기억에 묻은 먼지를 씻어내고, 자신이 지닌 순수함을 대상에게 전해주는 것 같습니다. 이는 아마 물 그 자체가 순수한 결정체이기 때문일 겁니다.

강물은 모든 것들을 받아들이지요. 오염된 하수, 죽은 사람의 시신, 강물이 지나는 도시의 더러움 모두를 수용할 만큼 넓고 관대합니다. 그러나 강물은 이내 곧 자신을 깨끗하게 정화시킵니다. 강물은 모든 것들을 받아들이면서도 자기 자신 그 자체로 남지요. 순수와 불순의 차이를 신경 쓰지도 인식하지도 문제 삼지도 않으면서 말입니다.

그 자체로 오염되어가는 것은 오직 연못 혹은 작은 웅덩이뿐입니다. 이들은 넓고 달콤한 향기가 나는 흐르는 강과는 다르게 살아있지도, 흐르지도 않기 때문이지요. 우리의 마음은 작은 웅덩이와 같아, 쉽게 불순해집니다.

남을 판단하고, 경중을 재고, 따지면서도 책임이라는 작은 웅덩이로 남아 있는 그것, 그것이 바로 마음이라 불리는 작은 웅덩이입니다.

이런 생각해 본 적 있으세요? 생각은 뿌리를 가지고 있을까?

그렇습니다. 생각 그 자체가 바로 삶의 뿌리지요. 생각은 그에 대한 반응을 필요로 합니다. 그렇지 않으면 이는 그저 죽은 망념일 뿐이지요. 하지만 이 반응이 현재에서 미래로 이어지지 않는 것을 보는 것이야말로 문제입니다. 생각은 본래 일어날 수밖에 없는 것이지요.

무엇보다 잘못된 생각에 대해 빨리 인지하고 그 생각을 최대한 빠르게 끝내버리는 것이 중요합니다. 일단 자신의 생각에 대해 고찰하고, 다양하게 바라보고 그다음 좋은 생각을 더 길게 잇고 근원의 뿌리로 환원하는 일입니다. 이것을 이해하는 것은 굉장히 중요하지요. 생각에 대해 우리 정신이 어떻게 인지하는지를 관찰하는 것은 삶에 있어 아주 좋은 반응입니다. 반응이란 슬픔 혹은 이와 비슷한 것들을 말합니다. 슬픔을 느끼기 시작하는 것, 돌아오는 미래를 생각하는 것, 날짜를 세는 것 등은 모두 사실을 걱정하는 생각의 뿌리에 양분을 주는 것과 같습니다.

그래서 정신은 생각의 뿌리를 내리게 만들고 결국 이 뿌리가 어떻게 뻗어나가는지가 또 다른 문제가 됩니다. 미래에 대해 생각하는 것은 불확실이란 이름의 토양에 뿌리를 내린 것과 같아요.

진정한 의미의 혼자가 된다는 것은 무엇일까요?

어제의 기억도 문제도 없이, 외부 혹은 내부의 충동 없이 혼자가 되어 행복해진다는 것은 우리 마음이 그 어떠한 것으로부터 방해받지 못하도록 만든다는 것을 의미합니다. 혼자가 된다는 것은 나무를 인식하는 것, 즉 나 아닌 것들에 대한 관심과 사랑을 뜻합니다. 주변을 보호하면서도 홀로 고독히 서 있는 어떤 나무를 사랑한다는 것은 존재의 아름다운 인식이에요.

우리는 주변에 있는 나무에 대한 사랑의 마음을 잊어

가고 있고 이에 따라 다른 이들을 사랑하는 마음을 역시 잊어가고 있지요. 우리가 자연을 사랑할 수 없을 때, 인류 역시 사랑할 수 없게 됩니다. 우리의 신들은 너무나 작고 하찮은 것이 되고, 우리의 사랑도 마찬가지가 되지요. 일반적인 경우, 우리는 우리라는 공동체적 존재의 미를 가지고 있고, 나무들 역시 우리와 함께하고 있습니다. 열린 천국, 마를 줄 모르는 대지의 풍족함 말이지요.

당신은 항상 맑은 정신을 가지고 있어야 합니다. 어딘가에 매여 있지 않은 정신 말입니다. 이는 굉장히 중요한 것입니다. 당신이 혹시 두려워하는 무언가가 있는 한, 당신은 맑고 통찰력 있는 정신을 가질 수 없어요. 두려움은 정신을 어지럽힙니다.

만약 당신의 정신이 스스로 만들어 낸 문제를 직면할 수 없다면 그 정신은 결코 맑고 깊다고 말할 수 없습니다. 스스로의 특이함을 마주하는 것, 스스로의 욕구를 인지하는 것, 내적 그리고 외적으로 이러한 문제들을 아무런 부정 없이 인정하는 것이야말로 깊고 맑은 정신을 유지하는 길입니다.

그렇게만 된다면 단순히 예민한 정신이 아닌, 예리한 지성을 가지게 되지요. 예리한 지성은 느리고 머뭇거리는 정신입니다. 성급하게 결론을 내고 조급하게 판단하고 만들어내는 정신이 아닙니다. 예리한 지성은 궁극적으로 가지게 되는 것이 아닌 시작부터 지니고 있어야 할 마음가짐입니다. 당신도 이미 소유하고 있을지도 모릅니다. 그것을 찾아내 맘껏 꽃피우는 일이 가장 중요합니다.

우리는 살다 보면 가끔은 미지의 세계로 가고 싶다는 생각을 하지요. 무작정 말입니다. 자유롭게 미지의 세계로 향하는 것, 그 어떠한 것도 당연하게 여기지 않는 것, 그 어떠한 것도 짐작하지 않는 것 이 모두를 할 수 있다면 당신은 깊은 이해와 감성의 자유로움으로 세상과 사물을 만나고 있는 것입니다. 이를 할 수 없다면 결국 당신의 생은 중심을 잃고 겉돌 뿐입니다. 중요한 것은 어떠한 사실을 증명하고 부정하는 것이 아닌 단 하나의 진실을 찾는 것이지요.

변화에 대한 생각 혹은 변화의 진실은 존재할 때 발견

할 수 있는 겁니다. 존재는 생각하는 사람이란 의미입니다. 생각할 줄 아는 사람만이 존재하는 삶입니다. 존재는 생각과 불가분의 관계로 생각이 존재이고 존재가 생각인 것입니다.

우리는 미래의 상태에 대한 어떠한 형태의 바람 혹은 어떠한 형태의 소망이 있는 한 결코 편안해질 수 없습니다. 그 무엇에 대한 바람이 있으면 고통은 뒤따르지요. 그럼에도 분명 재미있는 건 우리의 삶은 보통 바람으로 가득 차 있다는 것입니다. 심지어 단 한 가지 바람을 가지는 것이 끝없는 불행으로 이어지도록 만들 수도 있습니다. 바람으로부터 정신을 자유롭게 만들기 위해선 알아야 할 게 있어요. 심지어 단 하나의 욕망이 우리의 관심을 끌고 있다는 사실을 인지하는 것만으로도 고통의 시작이 될 수 있다는 것입니다.

그러한 사실을 알게 되면 우리 스스로에게 문제가 되지 않도록 해야 합니다. 문제가 되도록 하는 것은 우리의 뿌리를 갉아먹도록 만드는 것과 같지요. 절대 그렇게

젊은이에게 보내는 편지

49

하지 못하도록 해야 합니다. 하나의 바람이야말로 하나뿐인 고통입니다. 이는 우리 삶을 어둡게 만들지요. 좌절과 고통은 함께 다가옵니다. 그러니 이 사실을 인지하고 단순하게 대응하도록 하십시오. 그것이 소중한 당신을 지키는 일입니다.

비
어
있
으
니
까,

채
울
꿈
도
꾸
는
거
죠

대지 사이로 냇물이 흐릅니다. 큰 강으로 흘러가는 과정은 평화롭게 흐르기보단, 시끄럽고 생기 있게 흘러가는 것처럼 보입니다. 물도 만나는 상황에 따라 존재 형식이 달라지지요.

우리가 사는 이 세상은 크고 작은 언덕들이 있고, 냇물도 수많은 폭포로 이어집니다. 이 중 어떤 곳은 깊이가 서로 다른 세 개의 폭포가 동시에 존재하기도 합니다. 이 세 가지 폭포 중 가장 높은 폭포는 크고 웅장한 소리를 내는 반면, 다른 두 개는 그에 비해 작은 소리를 지녔어도 그들만의 음정을 노래합니다. 이 세 가지 폭포는 각각의 위치에 자리를 잡고 있기에 이들이 내는 소리는 끊임이 없습니다.

당신은 이 폭포들이 연주하는 음악에 귀를 기울여야 합니다. 이 오케스트라는 강 언덕이나, 강 옆 과수원에서 들을 수도 있는 열린 하늘을 천장 삼아 연주되는 음악입니다. 이 음악을 듣기 위해선 당신이 직접 찾아야 하고, 귀 기울여야 하고, 흐르는 냇물 옆에 앉아야 하지요.

이 모든 조건이 맞아야 폭포의 음악 소리를 들을 수 있습니다. 하늘, 대지, 높게 뻗은 나무들, 초록 들판, 흐르는 냇물 이 모든 것들이 당신과 함께 할 때, 당신은 비로소 음악을 들을 수 있습니다. 하지만 이 모든 조건을 항상 맞추기는 힘듭니다. 때문에 당신은 티켓을 구해서 콘서트홀의 사람들 사이에 앉아 연주되는 오케스트라를 듣거나 누군가가 부르는 노래를 들어야 합니다. 그들이 당신을 위해 모든 일을 해주는 것처럼 말이지요.

누군가가 노래를 작곡하고, 또 다른 이는 연주를 하거나 노래를 직접 부르고 당신은 돈을 지불하고 이 노래나 연주를 듣는 것입니다. 아주 소수의 몇몇을 제외하곤 우리가 사는 이 세상의 모든 것들은 여러 과정을 거쳐 얻게 됩니다. 신, 기업, 예술, 정치, 음악 모두 말입니다. 따라서 우리의 삶은 본래 비어 있습니다. 우리의 삶이 비어 있기에 우리는 채우려고 노력하는 것이지요.

앞서 말한 음악, 신, 사랑, 일탈을 위한 무언가를 가지고 말입니다. 그리고 이 채우는 행위가 곧 삶을 비우는 것입니다. 그러나 진정한 아름다움은 사고팔 수 있는 것이 아니지요. 그렇기에 진정한 아름다움과 선함을 원하는 대부분의 사람들은 여러 과정을 거쳐 간접적으로 얻은 것들에 만족합니다. 이처럼 모든 것들을 버리는 것이야말로 단 하나의 진실한 것이자 변혁입니다. 모든 것들을 버린 곳에는 오로지 현실에 대한 창의성이 존재하게 될 것입니다. 비어있음을 감사하게 생각하세요. 채울 수 있는 꿈을 꿀 수 있잖아요.

세상에는 많은 자기주장들이 홍수처럼 넘쳐납니다. 사람들이 세상 모든 것에 끊임없이 주장을 하는 것은 신기할 따름입니다. 관계, 전통, 종교, 예술, 정치 그 모든 것들에 대해 말이지요. 이들에 대한 주장은 그침이 없고 계속해서 새롭게 시작합니다. 만약 사람들에게 책도, 지도자도 따라 할 그 누구도, 따를 그 누구도, 본보기로 삶은 그 누구도 없이, 본인이 지닌 모든 지식을 버린 채 혼자만 남게 된다면 그 사람은 아주 처음부터 모든 것들을 다시 시작해야 할 것입니다.

물론, 지식을 버리는 것은 완전히 그리고 온전히 즉흥적이고 자발적인 것이어야 할 것입니다. 그렇지 않다면, 그 사람은 완전히 미쳐 노이로제와 같은 신경강박증을 가지게 될 테니까 말이지요. 굉장히 소수의 사람만이 이 완전한 고독을 감당할 수 있기에, 우리가 사는 세상은 지금껏 이뤄온 것들, 예술, 음악, 정치, 신학과 같은 것들을 계속해서 이어 나가고 있습니다.

그런데 이 모든 것들은 끊임없는 고통을 낳고 있지요. 이게 바로 우리가 사는 현재 일어나고 있는 일들입니다. 새로운 것은 없이, 기존 것의 반대, 그리고 그것의 반대만이 존재할 뿐이지요. 종교는 경외에 대한 오래된 형태를 유지하고 자신들만의 신조를 계속해서 이어 나갑니다. 예술 분야에선 새로운 것을 찾으려는 시도는 하고 있지만 그 정신이 새롭지 않은 채 낡아버린 정신에 머문 경우가 많아요. 기존의 전통, 공포, 지식 그리고 경험에 얽매여 있지요. 정신의 변화는 새로운 것을 받아들이기 위해 한 꺼풀 벗겨내야 하는 가장 첫 번째 대상입니다. 이것이 바로 진정한 변혁입니다.

남쪽 지방의 어두운 먹구름과 빗물과 함께 바람은 불어오지요. 또 북쪽 지방의 구름과 추위는 눈을 불러옵니다. 바람에 휘날리는 것들과 하얀 눈에 덮히는 모든 것들이 스스로를 새롭게 만드는 존재들이라는 것을 잊지 마십시오.

어느 농부가 살아있는 아름다운 토끼 한 마리를 가지고 있었지요. 이 농부의 아내가 토끼를 농부에게 데려가는데, 주변에서 바라보던 여인 하나가 "나는 못 보겠어."라고 말했어요. 토끼의 운명을 알고 있었기 때문이죠.

조금 전까지도 열심히 발길질을 하던 토끼는 농부에 의해 죽임을 당한 후, 몇 분도 지나지 않아 여인들에 의해 살가죽이 벗겨졌어요. 이 이야기 속 남자는 동물을 죽였습니다. 이 같은 일은 전 세계 어디에서나 일어납니다. 종교는 사람들에게 토끼를 죽여선 안된다고 금지하고 있지는 않습니다.

인도에선 오랫동안, 적어도 남부지방의 브라만 사제들 사이에선 살생해선 안되며 살생은 굉장히 잔인한 것이라고 어려서부터 배우며 자랍니다. 하지만 많은 이들이 어른이 되어 주변 상황에 의해 하루아침에 자신들이 들어온 가르침을 잊어버리는 경우가 많습니다.

이들은 고기를 먹고, 죽고 죽이기 위하여 군인이 되기도 하지요. 하루아침에 이들의 가치관이 변화한 것입니다. 수 세기 동안 이어온 문화의 특정한 패턴은 언젠가 사라지고 새로운 것이 그 자리를 차지합니다. 어떠한 형태로든 안전을 바라는 욕망은 너무나 강렬해 안전함과 안정성을 주는 그 어떠한 패턴에라도 우리의 정신은 적응되고 맙니다. 하지만 안전함은 그 어디에도 없습니다. 오히려 이 상황을 정확하게 이해하려 한다면, 전혀 다른 것을 발견할 수 있습니다. 바로 사람들이 자신만의 삶의 방식을 만들어낸 것입니다. 그 삶의 방식은 누군가에 의해 이해를 받거나 모방될 수 있는 것이 아닙니다. 우리가 할 수 있는 것은 안전함의 방식들을 이해하고 인지

하는 것뿐이고, 그를 통해 진정한 자신만의 자유를 얻을
수 있을 겁니다.

우리가 사는 지구는 아름답고 당신이 이를 인식하면
할수록 더욱 아름답게 느껴질 것입니다. 사계절 여러 가
지 색의 축제가 펼쳐집니다. 놀라울 정도로 다양한 초록
색과 노란색들 말입니다. 홀로 지구를 독대할 때 얼마나
많은 것들을 발견할 수 있는지 경이롭습니다. 곤충과 새
들, 들판과 다양한 꽃들, 바위들, 다양한 색 그리고 나무
들뿐만 아니라 자신이 원한다면 각 사물들이 지닌 다양
한 생각들까지 말입니다.

욕망을 독대하는 것은 참으로 쉽습니다. 어떤 욕망을
정당화하거나 비난하기 위해 그와 반대되는 욕망을 만
들어내지도 않은 채 순수하게 욕망을 바라보는 것 말입
니다. 아무런 행동을 취하지 않기에 이 행동은 참 이상
한 의식을 가져옵니다. 이런 의식이 욕망에 대한 저항
혹은 갈등을 불러일으키는 원인이지요. 욕망의 독대는
욕망 그 자체에 변화를 가져옵니다. 당신이 직접 한 번

해보고 무엇을 발견할 수 있는지 알아보십시오. 억지로 무언가를 하려고 하지 마십시오. 그저 가만히 자신의 욕망을 바라보십시오.

무
의
식
의
행
동
패
턴
을 읽
으
세
요

　교육은 참 어려운 문제입니다. 우리는 읽고 쓰는 법을 배우고, 삶을 살아가는데 필수적인 기술들을 습득하고, 세상 속으로 나아가지요. 어린 시절부터 우리는 해야 할 일, 생각해야 할 것들을 외부로부터 듣고 자라며 내적으론 사회적, 환경적으로 깊게 영향을 받습니다.

　이런 생각을 해봅니다. 내면을 자유롭게 놔둔 채로 외면 만을 교육시킬 순 없을까? 내적으로 자유롭게, 언제나 자유롭게 도와줄 수는 없을까? 인간이 창의력을 발휘하며 가장 행복한 상태로 있을 수 있는 것은 내적으로 자유로울 때입니다.

그렇지 않다면 인생은 고통스러운 싸움들의 연속이 될 것입니다. 하지만 내적으로 자유로워지기 위해선 놀라울 만큼의 보살핌과 지혜가 필요하지요. 우리는 외면에만 관심을 가진 채, 내면의 창의력에는 큰 관심을 기울이지 않습니다. 하지만 이 모든 것들을 바꾸기 위해선 내면의 자유의 중요성을 아는 이들, 자기 스스로에게 내면의 자유를 가져온 사람들이 많아야만 합니다.

우리가 사는 세상은 참 신기하단 말입니다. 중요한 것은 무의식 속에서의 근본적인 변화입니다. 그 어떠한 의지를 지니고 행사되는 의식적 행위는 절대로 무의식을 건드릴 수 없지요. 의식은 무의식의 추구, 소망, 욕구에 도달할 수 없어요. 차분히 의식을 가라앉히고, 어떤 특정한 행동 패턴을 가지고 무의식을 강제하려 해서는 안 된다는 말입니다. 무의식은 자신만의 행동 패턴을 가지고 있습니다.

이 패턴은 무의식이 작동하는 방식에 따른 프레임과

같아서 이 프레임은 외부 행위에 의해선 깨질 수 없습니다. 의지란 결국 외적 행동입니다. 당신이 내 말을 제대로 보고 이해할 수 있다면, 외적 정신은 정적이어야 한다는 것을 알 수 있을 것입니다.

그렇게 된다면, 의지에 의해 만들어진 그 어떠한 저항도 없기에, 이를 제대로 이해한 이는 소위 말하는 무의식이 스스로 자신의 한계를 깨고 자유롭게 해방되는 것을 알 수 있을 겁니다. 그렇게만 된다면, 인간으로써의 근본적인 변화만이 그 사람 앞에 기다리고 있을 겁니다. 외면의 교육을 통해 내면이 더욱 아름다워지는 결과를 얻게 되겠지요.

아무것도 아닌 사람이

행복한 거예요
1

　자존감이란 참 존귀한 것이지요. 멋진 사무실이나 존경을 받는 직위는 자존감을 줍니다. 마치 멋진 코트를 입는 것과 같아요. 코트, 의상, 직책이 자존감을 각인시켜 주지요. 하지만 이런 것들이 하나도 없는, 아무것도 없음의 내적 자유로부터 오는 자존감을 지닌 이는 거의 보기 힘듭니다. 의미 있는 사람이 되는 것을 인간 누구나 갈망하지요. 그 의미 있어짐은 인간에게 사회 속에서 존경심을 안겨다 주는 그 무언가를 의미합니다.

　이 무언가는 인간을 몇몇 범주로 나누지요. 현명한 사

람, 부자인 사람, 성인군자 그리고 물리학자, 천문학자, 예술가와 같은 범주 말입니다. 하지만 사회가 인정하는 범주 속에 속하지 못한다면 그 사람은 특이한 사람이 되고 맙니다.

자존감은 타인에 의해 인정받고 얻어지는 것이 아니며 자존감을 의식하는 것은 자기 자신을 의식하는 것입니다. 이는 참 안쓰럽고 옹졸한 행위입니다. 아무것도 아닌 것이 되는 것이야말로 자존감을 가지고 싶다는 그 생각으로부터 자유로워지는 것입니다. 특정한 상태나 직위, 계급에 머문 것이 아닌 존재 그 자체, 그것이 바로 진정한 자존감입니다. 절대 그 누구로부터 빼앗길 수 없으며 언제나 자기 자신과 함께하는 자존감 말이지요.

아무것도 남기지 않는 자유로운 삶의 흐름을 가지는 것이 진정한 것입니다. 사람의 마음은 무언가를 걸러내고 나머지를 흘려보내는 채와 같습니다. 이 채가 걸러내는 것은 욕망의 크기이지요. 그리고 욕망은 아무리 깊고, 방대하고, 고귀하더라도 결국 작고 사소합니다. 욕망은 마음에서 비롯된 것이기 때문이지요. 무언가를 바라지 않고 마음의 억압과 선택 없이 삶의 자유를 가지는 것, 그것이 완전한 통찰입니다.

우리는 항상 선택하고 집착하지요. 삶에 있어 무언가를 선택하고 그것에 끝이 없을 정도로 그 무언가에 너무 집착합니다. 우리는 이것을 경험이라 불러요. 그리고 경험이 쌓인 것을 우린 삶의 풍요라 부르지요. 풍요는 수많은 경험들로부터의 자유를 말합니다. 우리에게 잔존하는 경험은 새로운 것들을 경험할 기회들을 막습니다. 이미 알게 된 경험들은 사실 보물이 아닙니다. 우리 마음이 이미 알게 된 경험들에 집착하여 그로 인해 앞으로 일어날 아직 모르는 경험들을 무너뜨리고 더럽힙니다.

복잡한 구조와 관계 속에서 살아가는 현대인들의 삶은 참으로 오묘한 형태의 비즈니스입니다. 아무것도 아닌 사람이 행복하다는 것을 잊지 마십시오.

아
무
것
도
아
닌
사
람
이

행
복
한
거
예
요
2

　우리들 중 대부분의 사람들은 감정의 다양성 그 자체
이지요. 감정으로부터 벗어난 이는 거의 없습니다. 몇몇
의 경우 신체의 컨디션에 의한 경우도 있지만 대부분 정
신적 상태에 의해 지배됩니다. 우리는 이 감정의 기복을
좋아하고, 이러한 감정의 움직임이 우리가 살아있다는
증거라 생각합니다. 때로 어떤 사람은 그저 이 기분에서
저 기분으로 떠돌아다닐 뿐이지요.

　앞서 말했듯이 이러한 감정의 움직임에 사로잡히지
않은 이는 거의 없습니다. 감정의 변화로부터 자유로워

지고 싶어 하죠. 의지에 의한 것이든 누군가에 의해 배양된 것이든 누군가의 관심사에 의해 얻어진 것이든 상관없이요. 어떤 활동의 산물로 얻은 것이 아닌 내적 고요함 말이에요. 이 고요함은 의지의 추구가 멈출 때 비로소 자신에게 찾아옵니다.

돈은 사람들을 망치지요. 부자들은 특이한 거만함이 있어요. 아주 소수를 제외하고 말이에요. 거의 대부분의 국가에서 부자들은 자신이 원하는 대로 모든 것들을 할 수 있다는 오만한 분위기를 풍깁니다. 심지어 신마저 자기 마음대로 할 수 있다고 생각해요. 신을 돈으로 사기도 합니다. 부자란 부유함을 말하는 것뿐만 아니라, 무언가를 할 수 있는 능력을 말합니다. 이 능력은 인간에게 자유에 대한 기이한 의식을 갖게 합니다. 이 의식은 사람으로 하여금 자신이 남들 위에 있으며 자신이 남들과는 다르다고 느끼게 만듭니다. 이 모든 것들이 사람에게 거만함을 가져다주지요. 의자를 젖히고 앉아 남들이 굽신거리는 것을 보면서 말입니다.

부자는 자신의 무신경함과 자기 마음의 어둠을 의식하지 못합니다. 돈과 능력은 이 어둠으로부터 탈피할 수 있는 아주 좋은 방법을 제시하기 때문이지요. 하지만 결국 탈피란 저항의 일종이며, 그 자체로 문제를 만들어냅니다. 이 문제는 결국 내적 고요함, 내면의 자유를 얻음으로써 해결될 것입니다. 삶은 참으로 오묘한 형태의 비즈니스입니다. 아무것도 아닌 사람이 행복하다는 것을 잊지 마십시오.

두 마음은 항상 충돌하죠

무엇보다 자신에게 다가오는 모든 것들은 쉽게 받아들이는 자세가 중요합니다. 내적으로 통찰력을 가지고 조심성 있게 받아들이세요. 절대 그 어떠한 순간도 자신에게 어떠한 영향을 미치는지 완전한 이해를 하지 못한 채 시간 저편으로 넘기지 않도록 하십시오.

이를 보통 예민함으로 많이 이야기하지만 내가 여기서 말하는 것은 단순히 한두 가지에 예민한 것이 아닌, 모든 것들에 대한 예민함을 의미합니다. 아름다움에 예민하며 못생김에 대해 반감을 갖는 두 감정은 서로 간의 충돌을 가져오지요. 당신도 알겠지만, 우리 마음은 항상 판단을 합니다. 이것이 좋고 저것이 나쁘고, 이것은 검고 저것은 하얗고 이런 판단 말입니다. 우리 마음은 사람들을 판단하고, 비교하고, 따져보고, 계산하지요. 우리 마음은 절대 쉬고 있지 않습니다.

근데 말이죠? 우리 마음은 어떠한 계산도 없이 무언가를 보고 관찰할 수 있을까요? 의미를 부여하지 말고 느끼며, 스스로 당신 마음이 그것이 가능한지 직접 시험해 보십시오. 상황에 몸을 맡겨 보십시오. 강요하려 하지 말고, 어떻게 흘러가는지 그저 지켜보십시오. 단순한 삶을 살려고 시도하는 많은 이들이 외적인 것들을 버리고 포기하는 것으로부터 시작합니다. 내적인 복잡함은 그대로 둔 상태로 말이에요. 내적으로 정리 정돈이 되어 있으면 외부는 이 내부의 상태에 따라 변합니다. 내적 단순함이야말로 "존재"만으로 충족될 수 없는 무언가를 더 원하는 욕구로부터 자유로워지는 것입니다.

끝없이 무언가를 더 원하는 욕구로부터 자유로워지

는 것은 시간, 발달, 목적지에 다다르는 것의 관점을 놓쳐선 안 되죠. 다양한 욕망을 유지한 채, 복잡하게 얽혀 있는 내면으론 진정한 단순함의 자유를 찾을 수 없어요. 단순해지는 것은 결과를 생각하는 마음으로부터 자유로워지는 것, 모든 갈등으로부터 비워내는 것입니다. 이것이 바로 진정한 단순함입니다.

그렇게 되면 어떻게 아름다움과 추함 사이에서 마음이 갈등할 수 있겠습니까? 어느 한 쪽을 고르고, 다른 하나를 밀어내면서 말입니다. 갈등은 우리 마음을 무감각하고 배타적으로 만들 뿐이에요.

우리 마음속에서 못남과 아름다움 그사이의 어느 한 쪽에도 치우치지 않은 선을 찾아 긋고자 하더라도 결국 그 두 개 중 어느 한 곳에 속할 뿐이지요. 생각은 무언가를 만들어낼 순 있으나, 그 반대로 만들어낸 것에서 스스로를 해방시킬 순 없습니다. 생각이 못남과 아름다움, 선과 악을 만들어 내는 겁니다. 그러니 생각은 자신이 만들어낸 것으로부터 스스로를 자유롭게 할 수 없다는 뜻입니다. 생각이 할 수 있는 것은 어느 한 쪽을 선택하지 않고 그저 가만히 있는 것입니다. 선택이 바로 갈등이며 선택을 하는 순간, 우리 마음은 다시 스스로 만들어낸 갈등의 덫에 빠지게 되는 것입니다. 마음의 정적이 바로 갈등되는 두 개념으로부터의 자유입니다.

편지 15

불만족은 항상 존재해요

세상엔 정말 많은 불만족이 존재하죠. 사람들은 이데올로기 혹은 다양한 이념들이 모든 것을 해결해 줄 것이라 생각합니다. 심지어 자신들이 겪고 있는 불만족들도 사라지게 만들 것이라 생각하지요. 물론 그 어떤 이념도 불만족을 사라지게 만들지는 못하지요. 이데올로기 혹은 그 어떠한 이념 혹은 어떤 종교도 인간의 불만족을 완벽하게 사라지게 할 수는 없습니다. 어떤 이들은 모든 수단을 동원해서 불만족을 억누르고, 다른 형태로 만들거나 어떻게든 만족스럽게 바꾸려 하지만, 결국 불만족은 항상 존재합니다.

사람들은 불만족이 잘못된 것이라 생각해요. 보통은 옳지 않은 것이라고 생각하지만, 그에 대해 할 수 있는 것은 아무것도 없습니다. 삶과 존재의 불만족은 이해되어야 하는 대상이에요. 이해한다는 것은 그것을 비난하라는 것이 아닙니다. 우선 불만족을 자세히 들여다보세요. 그것을 억지로 바꾸고자 하는 아무런 욕망 없이 그냥 지켜보며 흘러가게 두는 것입니다. 하루 동안 불만족이 일어나는 모습을 관찰하고, 어떠한 것에 대한 불만족인지 인지하고 그것을 그대로 품는 것입니다.

진정한 자유는 정신이 고독할 때 옵니다. 심심풀이 삼아 정신을 고요하게 만들고, 모든 생각을 없애 보십시오. 심각한 일을 하는 것처럼 말고, 마치 놀이를 하듯이 말입니다. 아무런 노력과 그에 따른 고생 없이, 자신의 정신세계를 고요하게 유지해 보십시오.

아시잖아요?

무언가를 성취하고자 하는 동안 좌절은 존재하지요.

성취에 대한 희열은 끊임없는 욕망이며 우리는 그 희열이 계속되기를 원합니다. 그 희열의 끝이 곧 좌절이며 그 좌절은 아픔을 동반하지요. 우리 정신은 계속해서 다양한 성취를 원하며 계속해서 좌절을 마주하게 됩니다. 이 좌절은 고립, 분리, 고독 같은 자의식의 움직임이에요.

우리의 정신은 이러한 것들로부터 탈출해 또 다른 형태의 성취감을 가지고 싶어 합니다. 성취를 위한 몸부림은 이중성의 갈등을 불러일으킵니다. 우리 정신이 성취의 헛됨 혹은 진실을 볼 때 성취는 언제나 좌절을 동반한다는 것을 알게 되면, 정신은 탈출할 수 없는 고독의 상태에 빠지게 되지요.

우리 정신이 아무 탈출구 없이 고독의 상태에 빠지게 되면, 비로소 성취의 굴레에서 자유롭게 됩니다. 분리는 성취에 대한 욕구 때문에 존재합니다. 좌절은 곧 분리이지요. 지금부턴 그 어떠한 충격도, 아무리 짧은 충격이라 하더라도 일어나선 안 됩니다. 이러한 심리적 충격은 부작용을 가지고 우리 신체에 아주 나쁜 영향을 미칩니다.

지금부터 내적으로 굉장히 강해지십시오. 단단하고

명료해지십시오. 완전해지십시오. 완전하려 노력하지 말고, 그저 완전하십시오. 그 누구에게도 혹은 무언가에도 혹은 어떠한 경험과 기억에도 의존하지 마십시오. 과거에 대한 의존은 아무리 즐거운 것이더라도 그저 현재의 완전함을 가로막을 뿐입니다. 이 사실을 인지하고, 아주 잠깐이라도 부서지고 망가지지 않도록 하십시오.

인생에서 수면은 굉장히 중요합니다. 잠을 자는 동안에 우리는 알 수 없는 깊이를, 깨어있는 동안의 의식이 절대 만질 수도, 경험할 수도 없는 어떤 세계를 만날 수 있을지도 모릅니다.

비록 우리가 그 굉장한 의식 혹은 무의식 저 너머의 세상에 대한 경험을 기억하지 못할 수도 있지만, 수면은 우리 의식에 엄청난 영향을 미칩니다. 아마 지금 내가 하는 말이 명확하게 느껴지지 않겠지만, 그저 방금 읽은 그대로 오늘 밤 자신의 수면을 자유롭게 느껴보세요. 이를 무엇이라 말로 설명할 순 없지만, 그럼에도 불구하고 그 효과는 분명히 존재할 겁니다.

특히 우리에게 중요한 것은 건강이지요. 그 어떠한 병에도 걸리지 않을 신체를 가지는 것 말입니다. 그것은 우리의 정신이 자유롭고 그 무엇에도 오염되지 않은 채로 삶의 진정한 가치를 받아들일 수 있도록 합니다. 이는 모든 즐거운 기억과 상상을 상승시켜 주지요.

지금부터 내가 쓴 것을 주의 깊게 읽고 그대로 해주십시오. 모든 경험, 모든 생각은 그날 혹은 그때 그 순간 생각이 일어날 때 반드시 끝나야 합니다. 그래야 그 생각들이 잘못된 곁가지로 뻗어나가지 않게 됩니다.

내가 방금 해준 이야기는 정말 중요합니다. 이것이야말로 진실한 자유거든요. 진실한 자유이기에 그 어떤 것에도 의존하지 않습니다. 의존은 고통을 가져오고 신체적으로 영향을 미치고 정신적 저항을 불러일으키니까 말입니다. 또한 당신도 이미 알다시피 저항은 문제를 만들어 내지요. 성취하고 싶거나, 완벽해지고 싶은 것 등등 말입니다.

이런 욕구는 투쟁, 노력, 애씀을 수반합니다. 이러한 노력과 애씀은 언제나 좌절로 끝나지요. 나는 무언가를 원한다 혹은 나는 무언가가 되고 싶다와 같은 것 말입니다. 자신이 원하는 욕구를 충족하는 과정 속엔 언제나 조금 더 많은 것을 갈망하고, 이 갈망은 끝날 기미가 보이지 않아서 언제나 좌절감을 불러옵니다. 좌절감은 고통이 되고 우리는 또 다른 성취의 대상을 찾아 나서게 되고 이는 변함없이 변화를 요구합니다.

투쟁과 노력의 영향력 즉 희생과 좌절감은 이처럼 큰데 어째서 사람들은 계속 무언가를 원하는 것일까요? 어째서 끊임없이 무언가를 성취하고자 하며, 무엇이 우릴 이렇게 만드는 것일까요? 당신은 자신이 무언가를 성취하고자 한다는 것을 알고 계신지요? 혹은 이미 인지하고 계십니까?

만약 그렇다면 당신이 성취하고자 하는 대상은 매번 다를 것입니다. 그 대상이 가져오는 좌절과 고통을 감수하고도 그 성취의 대상을 좇을 만큼의 중요성이 있습니까? 굉장한 만족감을 가져다주는 그 무엇을 찾는 과정엔 침체되는 부분이 즐거움과 두려움, 진보와 발전과 함께 존재하지 않는가요?

당신이 무언가를 성취하고자 한다는 사실을 인지한다면, 성취하지 않고자 하는 것 역시도 가능하지 않을까요? 그리고 만약 당신의 정신이 무언가를 성취하려 하지 않는다면 무엇이 즉각적이고 실질적인 성취를 찾지 않는 정신의 반응일 수 있겠습니까? 시험 삼아 해보고 스스로 겪어 보십시오. 그 무엇도 강요하려 하지 마세요. 당신의 정신이 특정한 경험으로 박제되도록 해선 안 됩니다. 그렇게 되면, 정신은 스스로를 위한 환상을 만들어내기 시작할 겁니다.

나는 죽어가고 있는 누군가를 보았어요. 우리는 죽음에 대해 얼마나 많은 두려움을 느낄까요? 생각해 보세요? 삶과 죽음! 우리가 진정으로 두려워하는 것은 삶입니다. 우리는 어떻게 살아야 하는지를 모릅니다. 우리는 죽음이 겨우 마지막 슬픔일 뿐이라는 것을 알고 있지요.

우리는 인생을 삶과 죽음으로 나누지요. 그렇게 되면 죽음의 아픔만이 남게 됩니다. 분리, 고독, 고립과 함께 말입니다. 삶과 죽음은 서로 다른 상태가 아닌 하나의 상태입니다. 산다는 것은 곧 죽는다는 것입니다. 이런 생각은 삶을 오히려 존중하게 만들어 줍니다. 지구가 하나이듯 자신의 생명 또한 하나이니까요. 그래서 우리는 매일 새롭게 태어납니다.

이는 단순히 이론적인 말이 아닌 매일 살면서 체험하는 것입니다. 끝임없이 무언가가 되고 싶다는 그 욕심, 바로 그것이 단순한 '존재'를 완전히 무너뜨리는 원인입니다. 이 단순한 '존재'란 만족스런 수면, 성취 혹은 이유의 결론과는 완전히 다른 것이지요.

여기서 말하는 '존재'는 스스로를 의식하지 않는 것입니다. 마약, 호기심, 무언가의 몰두, 완전한 특정 역할로의 몰입은 자신이 원하는 상태를 가져올 순 있지만 이마저도 결국 자의식에 지나지 않습니다. 진정한 존재는 과도한 욕망을 중단하는 것입니다. 이와 같은 생각들을 마음껏 가지고 행복하게 직접 경험해 보세요.

삶이 두려운 거죠, 두려운 것이 아니라, 죽음이

구름 한 점 없는 이른 아침입니다. 하늘은 너무나 맑고 고요하고 푸릅니다. 모든 구름들이 사라진 것처럼 보이지만 한낮에 다시 나타날지도 모르지요. 이 추위 그리고 비바람이 끝나면 봄은 다시 성큼 우리에게 다가올 것입니다. 차가운 바람에도 불구하고 봄은 이미 조용하게 우리 곁으로 다가오고 있어요. 모든 풀잎과 꽃봉오리들이 대자연 속에서 환호할 날이 머지않았습니다.

지구는 정말 아름답지 않은가요?

이토록 아름다운 바위, 개울, 나무, 잔디, 꽃들이 이 땅 위에서 태어나고 끊임없이 아름다운 것들을 만들어 냅니다. 오직 인간만이 슬퍼하며, 자기 종족을 스스로 망가뜨리지요. 인간만이 자신의 이웃을 착취하고, 압박하며, 망가뜨립니다. 인간이야말로 지구상에서 가장 불행하고 고통을 겪는, 하지만 가장 창의적이고 시공간을 정복하는 존재입니다.

수많은 능력들을 가지고 자신들이 지은 아름다운 사찰, 교회, 모스크 그리고 성당들을 가지고 있음에도 불구하고 인간들은 자기 자신만의 어둠 속에서 삽니다. 자신이 믿는 신들이 곧 자신의 두려움이며 자신이 사랑하는 것들이 곧 자신이 증오하는 것입니다. 이런 전쟁과 두려움 없이 우리가 만들 수 있는 이 세상은 얼마나 멋진 것인가요? 하지만 막연한 두려움은 이 세상에 소용없습니다. 아무 쓸모가 없지요. 진짜 중요한 것은 인간의 불만족, 불가피한 불만입니다. 이는 아주 귀중한 것이며, 큰 가치를 가지고 있는 보석과 같습니다.

세상 속 누군가는 두려워하고 누군가는 없애려 하며

누군가는 이를 이용하여 특정한 결과를 얻지요. 인간은 불만족이란 감정을 두려워하지만, 이는 가치를 지니지 않은 귀중한 보석입니다. 불만족과 함께 살아가십시오. 이를 하루하루 바라보고, 그에 대한 어떠한 움직임으로 이를 방해하지 말길 바랍니다.

그러면 언젠가 용광로의 불꽃이 모든 불순물을 없애듯, 인생에서 안주하지 않는 열정의 불꽃 같은 무한한 에너지를 남기게 될 것입니다. 방금 내가 적은 말을 현명하게 다시 읽어보십시오. 우리가 진정으로 두려워하는 것은 삶이니까요.

인생에는 여러 가지 불편한 상황이 발생하죠. 이걸 극복하는 방법으로 우선 인정하라고 말하고 싶어요. 일상에서 삶을 구성하는 불편한 것들, 인정해 버리세요. 그러면 작은 애정이 생기게 되죠. 그 애정부터 시작하는 겁니다. 돈이든 명예든 사랑이든 말이에요.

부자들은 필요 이상으로 많이 가지고 있고 가난한 자는 먹을 것을 찾아서 힘겹게 평생을 일하며 계속해서 굶

주리지요. 때론 아무것도 가지지 않은 자는 자신의 삶을 더욱 창의적으로 만들기도 합니다. 또한 세상의 모든 것을 가진 자는 자신이 가진 엄청난 것들을 지키려다 오히려 그것들을 사라지고 시들게 만듭니다. 누군가에게 조그마한 땅을 주면 어떤 사람은 그 땅을 아름답고 풍성하게 가꾸지만, 또 다른 사람은 그 땅을 일구는 데 소홀하고 결국 그 땅이 죽어가도록 만듭니다. 마치 자신이 죽어가듯 말이지요.

우리는 그 누구나 쉽게 경험할 수 없는 것을 발견할 수 있는 탁월한 능력 혹은 이 지구에 자신만의 지옥을 만들어낼 수도 있는 능력 모두를 가지고 있습니다. 하지만 어째서인지, 인간은 혐오와 증오를 더욱 선호합니다. 증오하고 질투하는 것은 훨씬 쉽지요. 그것은 우리가 사는 사회가 더욱 많은 것을 원하는 모습에 기반을 둔 것처럼, 인간 역시 수많은 형태의 욕심을 가지며 살아가기 때문입니다. 그렇다 보니 우리 삶엔 끊임없는 고통이 존재합니다. 사회적으로 정당화되고 마치 고귀한 것인 듯 비춰지는 그 고통 말이에요.

아무런 고통 없이, 의지 없이, 선택 없이도 끝없는 삶의 풍족함은 분명 존재합니다. 그러나 그런 삶은 우리의 모든 문화가 투쟁과 의지의 결과인 것처럼 아주 어려운 과정을 이겨내고 승리해야만 가능하지요. 의지의 부재는 거의 모든 생명체에게 있어 죽음을 의미하는 것과 같습니다. 특정한 야망이 없다는 것은 우리에게 있어 삶에 아무런 의미가 없는 것과 같습니다.

세상에는 의지와 선택을 가지지 않는 삶도 분명히 존재합니다. 이 삶은 의지로 이루어진 삶이 끝날 때에 비로소 마주할 수 있는 것입니다. 내가 말한 이 모든 것들이 불편하게 느껴지지 않길 바랍니다. 불편함 없이 받아들여진다면 기쁘게 한 번 직접 시도해 보십시오.

보이세요?

태양은 구름 사이로 빛나기 위해 애쓰고 있습니다. 아마 오후쯤에는 맑게 개지 않을까 싶어요. 어떤 날은 화창한 봄 날씨였다가 다음날에는 혹독한 겨울 날씨가 되기도 합니다. 때론 날씨는 오락가락하는 어둠과 잠깐의 빛과 같은 사람의 기분을 나타냅니다.

참 이상한 것이 우리는 자유를 원하면서도 스스로를 노예로 만들기 위해 많은 것들을 한다는 것이죠. 그러면 우리는 각자가 지니고 있는 고유의 자주성을 잃어버리게 됩니다. 우리는 남들을 보며 우리를 이끌어주기를, 도와주기를, 다정하게 대해주기를, 평화롭게 대해주기를 바랍니다. 마치 우리가 전문가, 마스터, 구세주, 명상가들을 찾는 것처럼 말입니다.

누군가는 멋진 음악을 작곡하고 또 누군가는 자신만의 해석으로 이를 연주하며 우리는 이를 듣고 즐기며 평가합니다. 우리는 배우들, 미식축구, 프로야구 선수들을 보는 혹은 영화를 보는 관객이기도 합니다. 누군가는 시를 쓰고, 우리는 그 시를 읽습니다. 누군가는 그림을 그리고, 우리는 그 그림들을 넋을 잃고 바라보지요.

우리는 가진 게 아무것도 없기에 다른 이들에게 우리를 즐겁게 해주기를 바라고, 영감을 불어넣어 주기를 바라고, 구해주길 바랍니다. 조금씩 현대 사회는 우리 안의 모든 창의력을 비워냄으로써 우리들을 파괴하고 있습니다. 우리 스스로가 내적으로 비었기에, 우리는 내적 굶주림을 해소하기 위해 남들을 바라보게 됩니다. 결국 누군가는 이를 이용해 우리로부터 무언가를 갈취하고, 혹은 우리가 이를 이용해 누군가를 착취하게 되는 것입니다.

어느 순간 다른 이에게 내적 풍족함을 의존하는 것에 수많은 영향을 미친다는 것을 깨닫게 된다면, 그 생각의 자유가 창의력의 시작이라고 볼 수 있습니다. 그 자유란 진정한 의미의 혁신이며 사회적 혹은 경제적인 조건에 의해 좌우되는 혁신과는 전혀 다른 내적 혁신인 것이지요. 사회적 혹은 경제적 조건에 의해 좌우되는 혁신은 또 다른 형태의 노예화일 뿐입니다.

우리의 정신은 안정이란 이름의 작은 성을 짓고 살지요. 모든 것들이 확실하길 원합니다. 우리의 관계, 성취감, 희망 그리고 미래까지도 말입니다. 이러한 내적 감옥을 짓고 우리를 방해하는 그 누구에게든 화를 입히려 합니다. 정신은 참 신기하게도 갈등과 방해가 없는 그런 영역을 찾기 원하지요. 삶은 다양한 방식으로 이와 같은 정신적 안전지대의 붕괴와 재건설의 연속입니다. 이 과정이 계속되는 한, 우리 정신은 둔하고 낡아갑니다.

진정한 자유란 그 어떠한 종류의 안정, 즉 고정 관념

화된 틀도 가지지 않는 것으로 이루어진다는 것을 명심하십시오.

단 한 점의 파문도 일지 않는 강물처럼 정적이고 고요한 마음을 가진다는 것은 실로 놀라운 일입니다. 물론 죽은 정신의 고요함은 지금 말하는 고요한 마음이 아닙니다. 우리 정신은 의지에 의해 정적인 상태가 될 수 있습니다. 하지만 정신이 진정으로 그 깊은 곳까지 정적일 수 있을까요? 그렇기에 우리 정신이 진정으로 고요해질 수 있다는 것은 가장 놀라운 일입니다.

생각의 조그만 파도조차 없는 상태가 되면 인지와 인식과 같은 모든 의식이 정지되지요. 정신의 본능적 요소인 기억마저도 멈춥니다. 그렇게 되면 흥미롭게도 우리 정신은 생각과 언어, 완전 기호를 이용해 이 세상에 존재하지 않을 것 같은 상태를 어떻게든 기억하려 노력합니다. 그러나 이 과정이 자연스럽게 끝나도록 하기 위한 과정은 마치 죽어가는 과정과 똑같습니다. 인간은 죽고 싶어 하지 않아요. 하지만 그곳을 향해 갑니다. 갈 수밖에 없지요.

그래서 무의식적인 투쟁이 계속해서 이어지고 이 투쟁을 우리는 삶이라 부릅니다. 많은 사람들이 각자의 성취도, 현명함, 독서량 등 그 어떠한 수단을 이용해서든 자신을 내세워 다른 이들에게 깊은 인상을 주려 합니다.

언제나 자신의 존재를 내세우는 무의식적인 행동은 계속되겠지만 가만히 자신의 삶을 연못 위에 올려놓고 관찰해 보세요. 큰 물결이 칠 때 어떤 파문이 일고 작은 물결이 칠 때는 어떤 감정의 변화가 생기는지요. 그리고 아주 고요할 때 바람도 없고 물결도 없는 고요한 상태를 경험해 보세요. 참으로 진정한 기이함을 느낄 거예요. 본능적인 기억이나 무의식마저도 고요함에 흡수되고 자신의 참 마음이 보일 겁니다.

하루에 담긴 모든 인생

잘 지냈는지요?

하루하루가 베틀의 북이 좌우로 다니듯 빠르게 지나고 있진 않으신가요? 당신은 하루를 사십니까? 혹은 천년의 세월을 사시는가요? 참 이상한 일이지만, 사람들은 대부분 따분함을 느낍니다.

사람들은 끊임없이 무언가를 하고 있고 반드시 몰두할 무언가를 찾고 있지요. 이를테면 책을 읽거나 독서클럽에 참가하고, 갖은 부엌일, 아이들과 대화 그리고 신에게 삶의 근원을 묻는 질문 같은 것들이 있어야 합니다. 그렇지 않다면 사람들은 곧 홀로 남게 됩니다. 이는 따분함으로 돌아오고 삶의 지루함을 느끼게 됩니다.

사람들이 혼자가 되면, 자의식에 빠지게 되고, 자신만의 세계를 가지게 됩니다. 몸이 아프거나 나쁜 기분에 휩싸이게 되지요. 그렇기 때문에 무엇에도 사로잡히지 않은 정신이 중요합니다. 부정적인 공허한 마음이 아닌, 깨어있어 무엇이든 받아들일 준비가 되어있는 마음이야말로 필요한 것이며, 무한한 가능성을 제공해 줍니다. 무엇에 관한 것이든 지루하고, 창의력이지 않은 생각은 버려야 합니다. 그건 다소 바보 같은 것이지요. 많은 사람들의 생각이 현명한 지혜를 원하겠지만 현명함은 때론 날카로운 도구와 같습니다. 또한 현명함은 점차 날이 무뎌지게 되지요. 그것이 바로 현명한 이들이 둔한 이유입니다.

그 어떠한 것도 틀에 갇힌 채 의도적으로 행해지지 않은, 자유로운 정신이 자리 잡게 하십시오. 당신이 어떻게든 키우려 하지 말고, 스스로 일어나도록 만드십시오.

인지를 가지고 내가 방금한 말을 읽고 직접 몸으로 느끼며 시도해 보십시오. 무엇에도 사로잡히지 않은 정신에 대해 듣고 읽는 것은 중요하지만, 그것을 어떻게 받아들이는지 역시 중요합니다.

그것을 해결하는 방법은 적절한 운동과 질 좋은 수면 그리고 중요한 의미를 지니는 창의적 하루를 보내는 것입니다. 그렇지만 하루는 고루한 일상에 빠지기 너무도 쉽습니다. 일상은 그냥 자기만족으로 바뀌거나, 스스로 만들어 놓은 자신만의 정의로 바뀌게 됩니다. 모든 일상 속 패턴은 변함없이 결국 죽음에 이르게 되지요. 천천히 사라집니다. 하지만 그 어떠한 강요, 두려움, 비교하는 마음, 갈등도 없는 풍부한 하루를 보내는 것, 자신의 마음을 단순히 인지하는 것, 그것이야말로 남들과 다른 창조적인 하루를 보내는 것입니다.

당신도 알다시피, 우리의 삶이 무너지는 경험, 좌절, 헛된 노력, 절망감 등 이런 감정들을 느끼지 않는 날은 거의 찾아보기 힘듭니다. 그러다 보니 진짜 중요한 것을 놓쳐버리게 됩니다. 이런 삶의 좌절이란 구름 속을 뚫고 비치는 빛과 같아야 해요. 그런 총명함을 견지하는 것은 아주 힘든 일이지만요. 이런 경험들을 그저 있는 그대로 바라보십시오. 그게 당신이 해야 할 전부입니다. 너무 강조하여 단순해지려 노력하지 마십시오. 이런 노력이 결국 복잡함과 슬픔을 불러일으킬 뿐입니다. 어떤 감정이든 발생하면 그 감정은 해결해야 하는 대상이 되고 이 대상은 결국 좌절을 가져오는 욕망이 되기도 합니다.

모든 정서적, 심리적 충격으로부터 스스로를 자유롭게 하는 것이 중요합니다. 물론 삶의 역동성으로부터 스스로를 멀리할 필요는 없습니다. 내가 경계하라는 것은 점차 심리적인 저항으로 쌓여가는 정신적 충격들입니다. 이것들은 다양한 종류의 질병을 가져오거든요. 삶은 원하든 원하지 않든 하루하루의 삶은 사건의 연속이지요. 그 사건 속에서 우리가 뭔가를 결정해야 한다면 반드시 지켜야 하는 것과 반드시 버려야 하는 것 사이엔 불가항력적 양면성을 지니는 갈등이 있을 수밖에 없습니다. 그것이 바로 정신적 스트레스입니다.

이와 같은 갈등의 연속들이 우리 정신과 마음을 힘들게 합니다. 이는 스스로를 궁지로 몰아가며 고통이 수반됩니다. 삶의 역동성을 선택 없이, 특정한 사건의 충동성 없이 가지고자 한다면 원하든 원하지 않든 정신의 뿌리를 다잡는 것에 엄청나게 큰 노력을 들여야 합니다.

　이 말은 사건을 언제나 인지하려 노력하는 것을 말하려는 게 아닙니다. 그건 참 피곤한 일이거든요. 단순 인지가 아닌 인지한 내용의 진실과 필요성을 보는 것이 중요한 것입니다. 그렇게 되면 사건을 인지하려는 노력 없이도 그 필요성이 알아서 당신에게 사건의 진실을 바라볼 수 있도록 해줄 것입니다. 그런 시간의 하루를 버리지 마세요, 이 시간이 인생이니까요.

　누군가는 여행을 하고 최고의 학교에서 교육을 받습니다. 또 다른 누군가는 여러 나라에서 최고의 음식과 교육, 그 나라들만의 분위기를 느낄 기회를 갖지요. 하지만 이것이 지성을 만드는 필수 요소들일까요? 그런 기회를 가진 사람들 모두가 지성적인 사람들인가요?

공산주의자들은 다른 종교인들과 마찬가지로 사람들의 정신을 조종하고 원하는 방식으로 만들려고 합니다. 정신을 원하는 방식으로 만드는 행위는 분명히 확실한 효과를 가져오지요. 더욱 높은 효율성, 신속성, 정신의 각성도와 같은 것에 말입니다. 하지만 이런 다양한 효과들이 인간의 지성을 만드는 것은 아닙니다. 배움이 많은 사람들, 다양한 지식과 정보를 지닌 사람들, 과학적으로 교육을 받은 사람들, 그런 사람들이 지성인인가요?

당신이 생각하기에도 지성이란 전혀 다른 의미를 지닌 것이라고 생각되지 않나요? 지성이란 두려움으로부터 완전히 자유로운 것을 의미합니다. 삶의 모든 것들을 오로지 안정성에 기반을 둔 사람들은 오히려 도덕적이지 않아요. 안정성에 대한 욕망은 두려움의 산물이기 때문이지요. 우리가 도덕성이라 부르는 것은 사실 전혀 도덕적이지 않습니다.

두려움 자체가 지닌 공포와 두려움으로부터 파생된 모든 제약은 삶의 자유와 평화를 억압합니다. 그래서 지성이 필요한 것입니다. 지성이란 두려움으로부터의 완

전한 자유이기 때문입니다. 그리고 지성은 존경의 대상
도, 두려움을 통해 길러지는 다양한 미덕도 아닙니다.
두려움을 이해하는 데에는, 정신을 표현하는 방법과는
완전히 다른 부분이 존재한다는 것을 잊지 마십시오.

진정한 소유란 무엇이며 어떤 것일까요?

소유에 대한 식별을 가지고 실험을 해보는 것은 좋은 일입니다. 어떻게 하는 것이냐고요? 아주 간단한 것에서부터 아주 복잡한 것까지 자신이 가진 것에 대해 곰곰이 생각해 보는 것입니다.

우리는 나의 것 즉 나의 샌들, 나의 집, 나의 가족, 나의 직장, 나의 신이라고 흔히들 '나의 것'을 강조해 말하지요. 무언가를 자신의 소유로 식별한다는 것은 그것을 계속해서 붙잡아두고자 하는 욕심에서 생겨납니다. 소유를 유지하려는 것은 하나의 습관처럼 되어버리지요. 그 습관을 부숴 버리는 어떤 방해물은 곧 고통을 가져오고 우리는 그 고통을 이겨내기 위해 몸부림을 칩니다. 하지만 소유에 대한 과도한 애착은 계속되는 무언가에 대한 집착에 해당하는 것입니다.

이 사실을 인지하고 무언가를 바꾸거나 선택하려는 욕심 없이 우리가 이 말을 직접 실험해 보세요. 우리 안에서 정말 많은 놀라운 것들을 발견할 수 있을 겁니다. 정신이란 과거, 전통, 기억과 같은 소유에 대한 것들의 기반이 됩니다.

이제 어느 정도 짐작은 하겠지만 우리의 정신이 소유에 대한 식별을 하지 않고도 움직일 수 있을까요? 게임을 하듯 직접 해보십시오. 하루를 지내면서 소유에 대한 식별을 하는 자신을 인지해 보십시오. 가장 추상적인 일까지도 말입니다. 그러다 보면 신기한 것을 발견할 수 있을 것입니다. 생각이 어떻게 희미해지는지, 생각이 어떻게 생각 그 스스로를 속일 수 있는지 말입니다. 인지가 정신의 복도를 따라 생각이 따라갈 수 있도록, 그 자체로 여러 가지 생각을 그저 발견할 수 있도록 하십시오. 절대 어떤 생각을 선택하지도 따라가지 않고 말입니다.

소유하는 의식은 너무 자연스럽게 자리 잡은 것이기에, 무언가를 원하고 욕망하는 것을 멈추는 것은 특히 어렵습니다. 그저 일어나는 일이거든요. 하지만 어떠한 상황에서도 욕망, 욕구 비교는 끊이질 않습니다. 우리는 어떤 기쁨의 연속성을 위해 혹은 고통의 기피를 위해 더욱 많은 것을 혹은 더욱 적은 것을 원합니다.

정말 흥미로운 사실은 바로 이것입니다. 어째서 마음은 그 안에 중심을 만들고 그 중심을 토대로 움직이며 그 중심이란 존재를 가지고 있는 것일까요? 삶이란 수많은 영향과 셀 수 없는 압력들이지요. 그것들이 의식적이든 무의식적이든 상관없이 말입니다. 이와 같은 압력과 영향 속에서 몇 가지를 고르고 나머지를 버리며 그렇게 마음의 중심을 키워나가는 것입니다.

삶과 세상을 지배하는 영향력 혹은 어떤 압력이나 강요는 영향을 미치면서 좋거나 나쁜 효과로 나타납니다.

우리는 이것들의 실체를 볼 수 없을뿐더러 여기에 관여할 수도 없는 것처럼 보입니다. 이 효과에 대해 저항하거나 혹은 기쁘게 받아들이는 그 어떤 것조차도 말입니다. 이 저항과 받아들임은 우리 행동의 기반이 되는 마음의 중심을 만듭니다. 우리의 마음이 이 중심을 만들어내지 않을 수 있을까요? 이에 대한 정답은 단순한 찬성 혹은 반대를 통해서가 아닌, 직접 해보는 것을 통해서만이 얻을 수 있겠지요.

그러니 직접 한 번 해보십시오. 이 마음의 중심이, 행동하려는 기반이 끝나는 때 진정한 자유가 찾아올 겁니다. 눈을 감고 나의 것을 잊어버리세요. 그다음 당신에게 인생을 사는 진정한 소유가 미소 지을 겁니다.

감정이란 참 묘한 것입니다. 인간은 불안하고 분노하며 가끔은 두려움에 떨기도 하지요. 이런 감정들은 실제로 일어나는 것들입니다. 이 감정들은 삶의 사건이지요. 삶은 날씨와 같습니다. 어떤 날은 맑고 청명하지만, 또 어떤 날은 구름이 잔뜩 끼어있기도 하지요.

지금은 비가 오고 흐리고 춥습니다. 이 변화는 피할수 없는 삶의 과정이지요. 분노와 두려움은 갑작스럽게 우리에게 찾아옵니다. 여기에는 이유가 있습니다. 그 이유가 숨겨져 본질을 알 수 없는 것도 있고 누가 보기에도 명백한 것일 수도 있습니다. 하지만 자신이 처한 감정의 상황을 스스로 인지한다면 그 누구라도 그 이유를 알아낼 수 있을 겁니다.

감정을 조절하는데 무엇보다 중요한 것은 감정이 처한 사건 혹은 사고들을 인지하고 이들이 마음속에 일시적으로든 지속적으로든 뿌리를 내리지 않도록 하는 것입니다. 우리의 마음이 그 무언가에 대해 비교를 하려고 들면 우리는 이 감정들이 그 속에 뿌리를 내리게 합니다. 비교를 하는 순간, 이 감정들은 감정을 정당화하거나 비난하고 혹은 받아들이게 되지요.

이제 모두가 알았겠지만, 우리는 내적으로 그 어떠한 긴장감 없이 스스로 자립해야만 합니다. 긴장감은 우리가 결과를 원할 때 일어납니다. 그렇게 일어난 긴장감은 기꺼이 맞이하고 이겨내야 할 또 다른 긴장감을 만들어내기도 하지요. 그렇기 때문에 삶이 있는 그대로 흘러가게 하십시오.

불편함, 좌절, 지속적인 만족 그 어떤 것에도 익숙해지기란 너무도 자연스러울 정도로 쉽습니다. 인간이란 광기에서부터 금욕에 이르기까지 그 어떠한 상황에서도 적응할 수 있습니다. 우리의 정신은 늘 하던 대로, 습관대로 작동하고 이와 같은 정신의 활동을 생활이라 부릅니다. 이 사실을 아는 사람들은 이 모든 것을 뿌리치고 과도한 의미도, 집착도, 관심도 없는 평화로운 삶을 이끌어 나갈 수 있습니다.

만약 정신의 활동을 제대로 인지하지 못한다면 이 관심이란 우리 삶의 패턴을 다시 가져오게 만들어야 합니다. 그러면 이 패턴 속에선 우리의 의지가 명령이 되어 작동하는 것을 볼 수 있을 것입니다.

이 의지는 하고자 하는 것, 성취하고자 하는 것, 되고자 하는 것 등의 모습으로 우리를 움직입니다. 의지는 선택의 중심에 있으며 의지가 존재하는 한, 우리의 정신은 스스로 만들어낸 혹은 외부로부터 받아들여진 특정한 습관으로 작동하지요. 어떤 의지로부터의 자유야말로 진정 생각해봐야 할 문제입니다.

누구든 의지로부터, 과도한 자기중심으로부터 그리고 갖가지 행동의 선택자로부터 자유로워지기 위해선 다양한 방법을 쓸 순 있겠지요. 하지만 의지는 다른 이름, 다른 형태로 계속해서 우리 안에 존재할 것입니다. 우리가 습관의 의미 즉 무언가에 익숙해지는 것, 선택하는 것, 어떤 흥미를 추구하는 것 등을 이해한다면 이 모든 것에 대하여 인지가 가능해집니다. 그러면 진정한 기적이 일어나게 되는 것입니다. 바로 의지의 정지입니다. 방금 내가 말한 것을 염두에 두고 시간이 날 때마다 직접 해보십시오. 그 어떠한 경지에 이르고자 하는 그 어떤 바람도 없이 말입니다.

고요하지만 깨어있는, 앞을 내다볼 줄 아는 정신이야말로 축복입니다. 그것은 마치 엄청난 가능성으로 가득 찬 대지와 같습니다. 비교하지 않고 비난하지 않는 그런 정신이 있다면, 가늠할 수 없는 풍족한 행복감만이 당신 앞에 봄날 꽃향기 날리듯 기다리고 있을 겁니다.

태양은 우리 편이에요

인생을 살다 보면 만날 수밖에 없는 보잘것없는 연기가 우리를 질식시키지 않도록 하십시오. 마음속에서 타오르는 욕망의 불길이 그저 자연스럽게 사그라지도록 놔두십시오. 억지로 무엇이든 강제하지 마십시오. 그리고 앞으로 계속해서 나아가십시오. 가로막는 것을 찢고, 부수어 그 어떤 문제들도 우리 안에 뿌리내리지 않도록 하십시오. 그런 것들이 느껴지면 즉시 마음속에서 끝내십시오. 그리곤 매일 아침 새롭고, 젊게, 순수하게 하루를 시작하십시오. 맑은 공기와 태양은 우리 편이니까요.

흔한 말이지만 건강이 우선입니다. 인생을 살아가는 사람들이 가장 많이 하는 말이 가장 중요한 삶의 요소가 되겠지요. 사랑이 그렇듯이 건강 역시 그렇습니다. 스스로의 건강에 대해 현명하고 확고해지십시오. 절대로 감정이나 감상이 우리의 건강을 해치지 않도록, 우리의 활동에 지장을 일으키지 않도록 해야 합니다. 우리의 정신과 마음에 지속적인 영향과 압력을 주는 것들이 너무나 많아서 이들을 인지하고 잘라내어 이들의 노예가 되지 않도록 하십시오. 노예가 된다는 것은 평범한 것에 그친

다는 것입니다. 항상 깨어 있고, 불타오르십시오. 하늘
끝까지 날아오르십시오.

두려움, 당당하게 마주하세요

우리에게 두려움이 다가오면 먼저 맞아들이십시오. 그리고 두려움이 우리에게 갑작스럽게, 다가오지 않도록 항상 준비하세요. 매사에 우리가 먼저 두려움에 다가가도록 하십시오. 이 같은 상태를 잘 견지하면서 방금 내가 말한 두려움이 우리를 삼키지 않도록 하십시오.

삶을 위협하는 두려움은 아마 언젠가 치유가 될 것이고 우린 그 두려움을 이겨내고 다시 삶을 살아갈 것입니다. 우리의 존재를 노리는 두려움이 우리를 겁에 질리게 하도록 그냥 내버려 두지 마십시오. 살다 보면 내적으로 약해지는 때가 있을 것입니다. 그런 때가 오면 우리가 눈치 채지 못할 수도, 이미 챘을 수도 혹은 신경을 쓰지 않을 수도 있겠지요. 인생의 풍화는 우리와 언제나 함께 하는 것입니다. 그 대상을 가리지 않습니다. 시도 때도 없습니다.

우리가 살면서 인생의 굴곡을 먼저 생각하고, 아무런 저항 없이 받아들이고 초월하는 것은 엄청난 에너지가 필요한 일입니다. 이 에너지는 의식적이든 무의식이든 그 어떠한 형태의 저항이 없을 때에만 우리에게 주어지는 것입니다. 그러기 위해선 항상 깨어있는 마음을 가지십시오. 그 어떠한 문제들도 우리 마음 깊은 곳에 뿌리내리지 않도록 하십시오. 문제들을 빠르게 인지하고, 마치 버터를 나이프로 자르듯 단칼에 잘라버리십시오. 문제들이 그 어떠한 흉터도 남기지 않도록 문제가 발생하자마자 빠르게 끝내십시오. 문제가 일어나는 것 자체에 대해 우리가 어떻게 해볼 순 없겠지만, 그 문제를 빠르게 끝내버리는 것만큼은 우리에게 달려있습니다.

이제 우리 안에 더욱 깊어진 내적 활기, 힘 그리고 명료함 같은 확실한 변화가 생겼습니다. 이것을 계속 유지하고 계속해서 자랄 수 있도록 더욱 넓고 깊게 우리 안에 흐를 수 있도록 스스로 자신에게 기회를 주십시오. 그 어떠한 일이 생긴다 해도 즉 어떤 상황에 의해, 가족들에 의해, 혹은 스스로의 신체적 한계로 인해 스스로를 제약하지 마십시오. 무엇보다 건강하고 적당히 먹고 적당히 운동을 규칙적으로 하여 게을러지지 않도록 하십시오. 더구나 어떤 만족할만한 상태에 도달하게 되더라도 그 상태에 안주하지 말고 계속 나아가십시오.

우리가 선택할 수 있는 것은 계속 나아가거나 퇴보되거나 둘 중 하나입니다. 언제까지나 한 상태에 머무를 순 없다는 것을 명심하십시오. 우리는 내적 평화 상태에 모든 관심을 기울여왔지요. 삶의 고요함을 얻는 방법, 내적 에너지를 충전하는 일, 진정한 자유의 상태로의 여행을 통해 햇빛, 찬란한 강물 같은 마음의 정원을 가꾸었습니다. 하지만 이젠 그 내적 수련을 당신 주변 바깥으로 확장해야 합니다. 밖으로 나가서 많은 사람들은 만나십시오.

　명상을 하니 기분이 아주 좋군요. 명상을 계속 꾸준히 하고 기를 모으시길 바랍니다. 하루 동안 신경과 뇌 속을 거쳐 갔던 모든 생각과 감정들을 인지하는 것으로 시작하십시오.

　점차 고요하고 정적인 생각으로 들어가는 것, 이것이야말로 일반적인 뇌의 컨트롤을 통해서는 할 수 없는 것입니다. 그렇기 때문에 진정한 명상의 시작이라고 할 수 있지요. 모든 생각과 감정들을 하나도 빠짐없이 명상으로 다스려 보십시오.

무슨 일이 있더라도 우리의 신체적 상태가 우리의 정신적 본성에 영향을 미치지 않도록 하십시오. 신체를 언제나 인지하고, 올바른 것을 먹고, 주기적으로 몇 시간 동안만큼은 혼자만의 시간을 가지십시오. 상황에 몰려 도망치거나 그 상황의 노예가 되지 않도록 하십시오. 웅장해지십시오. 더욱 웅장해지십시오. 항상 깨어있으란 말입니다.

2부

크리슈나무르티가 젊은이에게

여러분은 왜 매년 학교를 가야 하는지 생각해 본 적 있습니까?

여러분의 부모님은 세 살 밖에 되지 않았던 여러분의 가방을 준비해서 어린이집에 보내는 것을 시작으로, 그와 같은 일상을 지금까지 해왔습니다. 다른 학교로 전학 가는 경우도 있긴 하겠지만, 학교생활이라는 것은 결국 다 비슷하기 마련이지요. 읽고 쓰기를 배우고, 운이 좋다면 좋은 선생님을 만나 새로운 것을 배우는 것에 흥미를 느낄 수도 있습니다. 역사, 지리, 수학, 과학, 문학 그리고 그 외에 수많은 학문들, 인류가 성취해 온 이 모든 멋진 유산에 마음을 열고 다가갈 기회를 가지는 것입니다.

학교에서 배우는 또 다른 것은 무엇이 있을까요?

어쩌면 자신에게 음악이나 춤에 소질이 있다는 것을 발견할 수도 있고, 드라마나 게임과 같은 것에 흥미를 가질 수도 있을 것입니다. 또한 규율이나 타인에 대한 존경 그리고 행동 방식에 대해서도 배우게 될 것입니다.

또 여러분이 알고 싶고 들여다보고 싶은 전혀 다른 또 하나의 세상이 있지 않은가요?

바로 여러분 내면의 생각과 감정들 말입니다. 자신은 언제 상처를 받는지, 어떤 것들이 자신을 화나게 만들고 그것들에 대응하는 방법이라든지 혹은 자신이 두려워하는 것이 무엇인지, 두려워하는 대상이 선생님, 부모님 그리고 친구들과의 관계에 어떠한 영향을 미치는지 배워야 하지 않을까요?

여러분 주변의 나무들, 식물들 그리고 동물들 속에 살아 숨 쉬는 아름다움에 어떻게 반응해야 하는지, 혹은 인간이 고통을 겪는 모습을 보았을 때 스스로 어떠한 감정을 느껴야 하는지 알고 싶지 않나요? 커서 어른이 되었을 때, 자신이 하고 있는 일이 스스로에게 기쁨을 줄 수 있도록, 스스로가 무엇을 가장 하고 싶어 하는지 알고 싶지 않나요?

크리슈나무르티는 아이들에게 항상 깊은 관심을 가지고 있었어요. 크리슈나무르티는 책보다는 여러분 주변의 삶을 관찰하는 것을 통해 훨씬 더 많은 것들을 배울 수 있다고 종종 말하곤 했지요. 크리슈나무르티는 여러분들이 주변의 모든 것들에 질문을 던지기 바랐어요. 타인을 통해서가 아닌, 자신이 직접 찾아보고 배우라고 말이에요. 이러한 배움의 방식을 통해, 스스로의 감정과 공포, 불안, 희망과 기쁨 그리고 내면의 흘러가는 그 모든 것들에 대해 이해할 수 있게 될 것입니다.

아힐라 차리

느낀다는 것은 무엇인가요?

오늘 새벽달과 금성이 굉장히 가깝게 반짝이고 있던 것을 보았는지 모르겠어요. 방에 비친 달빛과 강 위로 비춰진 달빛을 보았나요? 수면 위에는 잔물결 하나 없었어요. 작은 산들바람조차도 불지 않았던 터라, 강은 고요 그 자체였지요. 그 모습이야말로 정말 장관이었어요. 멀리 펼쳐져 있는 캄캄한 호숫가, 반짝이는 은반처럼 빛나는 달, 그 옆에 반짝이는 금성, 그리고 완벽하게 고요한 호수, 어부는 그 위를 노로 저어가고 있었지요. 어부, 고요한 호수, 은빛 달, 반짝이는 금성, 멀리 펼쳐진 캄캄한 호숫가 이 모든 것들이야말로 정말 아름다움 그 자체예요.

우리들은 모든 것들을 무감각하게 대하는 경향이 있습니다. 느낀다는 것, 신경을 쓴다는 것, 바라본다는 것의 의미를 아시나요?

강을 바라보는 것, 달을 바라보는 것, 나무의 움직임을 느낀다는 것, 새들을 바라보는 것–어떻게 날아가는지, 날개는 얼마나 정교하게 움직이는지, 그러면서도 어떻게 폭풍 속을 뚫고 날아갈 정도로 강인한지–은 엄청난 감각을 요구하는 것입니다.

느낀다는 것이 무엇인지 아시나요?

손에 느껴지는 감각만이 느끼는 것의 전부가 아닙니다. 물론, 무언가를 만질 때, 느끼지요. 도마뱀을 만진다면, 다소 불쾌한 느낌을 받을 것이고, 두꺼비나 개구리를 만진다면, 차고 끈적끈적한 느낌을 받기 때문에, 이들을 손에 움켜쥔다면, 굉장히 불편한 감정을 느끼겠지요. 만약 상처 입은 채로 어떻게든 도망가고 싶어 하는 작은 새 한 마리를 손안에 잡고 있다면, 그 새의 뛰고 있는 심장을 느낄 수 있을 것입니다. 잡고 있는 새의 모든 것들이 살아있음을 느낄 수 있을 것이란 말이지요.

나무의 움직임을 느끼는 것, 나뭇잎 사이로 흘러가는 산뜻한 바람 소리를 듣는 것, 먼지 묻은 더러워진 옷을 입은 채 마을에서 도시로 발걸음을 옮기는, 제대로 된 따뜻한 목욕을 한 번도 하지 못했고, 배부른 식사를 해본 적도 없을, 마음 놓고 일을 쉬어 본 적도 없을 저 가난한 여인들에게 연민을 가지는 것, 이 모든 것들은 누구에게나 감성에 젖어 들게 해요. 기교나 반복되는 음률에 집중하는 것이 아닌, 누가 듣고 있는지 전혀 상관하지 않는, 누군가가 부르는 아름다운 노래 그 자체를 듣는 것, 아침 새소리를 듣는 것, 그리고 강을 건너는 어부의 소리를 듣는 것, 역시 우리들을 아주 깊은 감상에 빠져 들게 하지요. 그리고 이때 느끼는 감정이야말로 우리들로 하여금 살아 있음을 느끼게 해주는 에너지가 됩니다.

이것이 바로 지금 당장 감상에 빠져야 하는 중요한 이유이지요. 옷을 입는 방법, 앉는 방법, 말하는 방법, 노는 방법, 나무를 바라보는 방법, 강아지를 대하는 방법, 나무에서 나뭇잎을 떼어내는 방법, 남에게 말을 거는 방법, 선생님과 같은 사람들이 우리들을 대하는 방법, 이모든 것들에 대한 우리의 감정, 생각을 말이지요. 지금 언급한 것들은 내일도, 앞으로 5년 뒤도 아닌, 지금 당장 필요한 아주 중요한 것입니다. 지금 당장 하지 않으면 너무 늦어버립니다.

이 모든 것들을 지금 젊고, 생기가 넘칠 때 느끼지 못한다면, 지붕 위나 벽 사이로 지나가는 도마뱀을 보지 않고, 도마뱀이 빠르게 움직여 파리를 잡는 것을 보지 않는다면 혹은 우리들 주변에 있는 사람들, 가령 선생님 혹은 친구들을 지금 느끼지 못한다면, 우리는 성인이 되어도 아무것도 느끼지 못하는 사람으로 자라나고 말 것입니다. 무감각해진다는 얘기지요. 우리 내면의 감정이 모두 무너져 버렸으니, 주변에 그 어떤 것에도 큰 감정을 느끼지 않게 됩니다. 형제자매, 가족들, 우리의 아이들 그리고 그들에게 앞으로 일어날 어떤 일에도 무감각하게 변해버리겠지요. 그러다 보면, 주변의 새도, 강도,

나무도 그리고 비참함마저도 느끼지 못하게 될 겁니다.

나는 아이들뿐만 아니라 어른들도 어째서 느끼지 못
하고, 관심을 가지지 않는지 궁금해요. 어째서일까요?
어째서 우리는 무언가에 강한 감정을 가지려하지 않는
것일까요? 내가 말하는 것은 조국에 대한 사랑이나 사
상, 국가와 같은 거창한 것들이 아니라 작은 것들에 대
한 관심입니다. 나는 작은 것들에 관심을 가지지 않는
사람들에 대해 의아함을 가져왔어요. 그리고 그들의 아
이들은 어떠한 어른으로 성장했을지 궁금했지요. 자라
서 어떤 성인이 되었으며, 어떤 생각을 가지고 살아갈
것이며, 어떠한 감정과 사랑, 슬픔, 비참함을 느끼며 살
아갈 것인지 말입니다. 그러다 보면 그렇게 어른이 된
아이들이 결혼을 하고, 아이들을 낳고, 또다시 어떠한
부모가 될 지 궁금하게 됩니다.

엄청난 변화들이 세계 곳곳에서 일어나고 있지만, 우
리는 이러한 변화들에 대해 전혀 알 수 없을지도 모릅니
다. 여기저기에서 들리는 약간의 소식들로 어느 정도 알

수는 있겠지만 말입니다. 사람들은 모든 것들에 대해 질문을 던지지요. 신, 의식, 가족들과 같은 모든 것들에 대해 말입니다. 이 모든 것들은 항상 새로운 질문거리를 던져 주고, 끊임없이 세분화됩니다. 우리는 이와 같은 변화들, 기술들과 정보들에 발맞추기 위하여 매년 계속해서 배워야 해요.

얼마 전, 의사인 내 친구와 대화를 나눈 적이 있습니다. 세계에서 알아주는 명성을 가진 의사이지만, 매년 새로운 수술 기법, 의약품과 같은 것들을 숙지하기 위해 훨씬 더 열심히 노력해야 한다고 말을 하더군요. 이 모든 것들을 따라가야 하다 보니 시간은 없고, 지치고, 약해진 상태였어요. 이와 같이 빠른 속도로, 수많은 부담감, 불안 그리고 엄청난 스트레스를 가지고 살아가게 된다면, 사랑에 대한 감정, 나무의 아름다움에 대한 느낌, 우리보다 적게 가진 자들에 대한 연민은 사라지고, 우리는 그저 작은 상자 같은 좁은 자신만의 세계에서 살아가게 될 것입니다.

때문에, 이것은 우리들이 앞으로 좀 더 풍부한 감수성을 가져야 하는 중요한 이유입니다. 강한 감수성을 갖도록 하십시오. 감정을 무서워하지 마십시오. 우리가 가지고 있는 온 마음, 온 정신, 모든 것을 가지고 누군가를 사랑하도록 하십시오. 새를 사랑하고, 우리가 심은 나무를 사랑하고, 이들을 돌보십시오. 자신의 감정이란 방이 오점 하나 없는 깨끗한 상태를 유지할 수 있도록 하십시오. 그러다 보면, 관심을 가지기 시작할 것입니다. 자신이 누구인지에 대한 관심을.

2

관
심
을 가
진
다
는

것
은
?

관심을 가진다는 것이 무슨 의미인지 아시나요?

동물을 돌보고, 옷을 정돈하고, 우리의 몸을 깨끗하고 청결하게 가꿀 때, 우리는 관심을 표현하고 있는 겁니다. 우리가 나무를 심는다면, 나무는 관심이 필요하지요. 보살핌이 필요해요. 나무가 심어진 토양에 비료를 주거나, 비가 내리지 않는다면 주기적으로 물도 주어야하지요. 강아지를 키운다면, 주기적으로 털도 빗겨주고, 강아지에게 맞는 사료도 주고, 산책도 시켜주며, 아픈 곳이 없는지 체크도 해야 합니다. 사람, 동물, 식물 혹은 그 어느 것에든 감정을 가지고 앞서 말한 것들을 하는 것, 그것이 바로 관심을 가지는 것이에요. 관심은 사랑의 전조 과정이지요. 작은 것들에 대한 관심으로부터 시작하세요.

우리 주변의 것들, 이를테면 새, 나무, 사람들, 더러운 길거리와 같은 사소한 것들을 관찰하지 않는다면 총명해질 수 없어요. 우리가 이 모든 것들을 느끼지 못한다면, 대부분의 어른들이 자라온 것과 비슷하게 자라겠지요. 가슴 속에 그 어떠한 애정도 없이 말입니다. 그러니보고, 탐색하고, 관찰하세요. 비판하거나 비교하려고 하지 마세요. "이건 좋고, 저건 나빠." 라든가 "이게 옳고, 저게 그른 거야."라고 말하지 마세요. 자신이 어떻게 걷는지, 얼마만큼 수줍음을 타고 때때로 바보처럼 구는지 관찰해 보세요. 어른들이 젊은 사람들에게 어떻게 대하는지, 선생님이 우리에게 어떻게 행동하는지, 또 우리가 그들에게 어떻게 대응하는지 관찰해 보세요. 그저 우리삶 속에 일어나는 모든 것들을 있는 그대로 바라보고 관찰하세요. 관찰한다는 것은 가장 멋진 일입니다. 명석함은 관찰로부터 나온다는 것임을 잊지 마십시오.

    사람들에게 진정성 있는 애정을 가지기 위해선, 단순히 보고 듣는 것이 아닌 관심을 가져야 해요. 우리는 누군가에게 관심을 가지고 있나요? 우리는 우리 부모님에게 관심을 가지고 있나요? 우리 부모님은 우리에게 관심이 있나요? 관심을 가진다는 것은 서로를 돌보고, 친절하게 대하여, 상대로 하여금 좋은 의도를 가지고 대접받고 있다고 느끼게 만드는 것을 말하는 것입니다. 따라서 우리가 상대를 제대로 보지 않고, 관찰하지 않는다면, 우리는 그 누구에게도 진정으로 관심을 가진다고 말할 수 없습니다.

    있는 그대로 모든 것들을 바라보는 것은 학문과도 같아요. 있는 그대로 바라보는 것은 수학이나 역사, 지리와 같은 학문들을 배우는 것과 마찬가지로 어렵습니다. 관찰은 그 자체로 아름다움을 간직하고 있지요. 우리가 무언가를 보고, 관찰하고, 듣는다면, 그에 대해 행동을 하지 않을 수 없을 것입니다. 하지만 우리들 대부분은 이를 보고 듣지 못하기에, 대상에 대한 아무런 행동도 하지 못하는 것입니다.

　몇 개월 전 어느 날 스웨덴에 머물 때, 한 친구와 같이 차를 타고 있었어요. 한 작은 소녀가 우리 앞에서 자전거를 타고 가고 있었는데, 갑자기 자전거에서 내려 자전거를 밀기 시작했지요. 나는 갑자기 왜 그러는 것인지 궁금해서 그 아이를 지켜봤어요. 그 아이는 바닥에 버려진 종이를 집어 들어 바로 옆의 쓰레기통에 버리곤, 다시 자전거를 타고 갈 길을 갔어요. 주변에는 그 소녀에게 그렇게 하라고 시키는 이가 아무도 없었지만, 그 아이는 깨끗하게 치워야 함을 느끼고, 종이를 스스로 주웠던 것이지요. 길가를 아름답게 만들고자 하는 바람은 자연스럽고 즉흥적인 것이었어요. 행동을 의식하는 사람들은 그런 식으로 행동하지는 않아요. 이들은 주변을 있는 그대로 바라보지 않기 때문에 느끼는 그 즉시 행동하지도 않지요. 안타깝게도 이 즉흥적인 감정은 그 어린 소녀가 자라감에 따라 점차 사라지게 될지도 모르겠어요. 그 소녀도 언젠가 학교를 가고, 여러 분야를 공부하고 시험에 통과하겠지만, 그 아이의 그때 감정은 점점 사라지게 될지도 모릅니다.

3

우리는 어째서 상상력을 잃어버릴까요?

우리가 어렸을 땐, 감수성이 풍부하고 활기에 넘쳤으며, 호기심으로 가득 차 있었을 겁니다. 우리가 어릴 땐, 이 특별한 상상력을 가지고 있었어요. 하지만 어째서 우리가 어른으로 자라면서 그 상상력을 잃어버리는 것일까요? 우리는 강을 바라보면, 배를 타고 커다란 바다로 폭풍을 뚫고 나아가는 상상을 하게 되지요. 우리가 어떤 역사 속 이야기를 읽고, 그 줄거리를 곰곰이 되새기다보면, 환상적인 이야기들을 떠올리게 됩니다. 구름을 바라보면, 하나의 성이 되고, 그 성 한가운데에 서 있기도 하지요. 바람 소리는 즉시 아름다운 음악 소리로 바뀌게 되고 커다란 새를 본다면, 그 새의 등 위에 올라타서 세계 곳곳을 누비는 상상도 할 것입니다. 때로는 엄청난 부를 가진, 굉장한 사람이 되는 상상을 하는가 하면, 모든 이들이 듣고 갈채를 보내는 훌륭한 연설가가 되는 상상을 하기도 합니다. 이 모든 멋진 상상들은 우리가 어렸을 땐 우리 곁에 늘 존재하고 있었어요. 하지만 우리가 나이를 들어감에 따라 점차 사라지게 됩니다. 왜 그런 것일까요?

누구도 우리에게 꿈을 꾸라고 격려하는 사람이 없기 때문입니다. 우리가 학교에 있거나 집에 있을 때, 그 누구도 '어서 나가서 마음껏 상상하며 그 시간을 즐기려무나' 하고 부추기는 이가 없었지요. 우리가 상상한 바를 누군가에게 말하면, 어른들은 '거짓말을 하는구나. 거짓말을 해선 안 된단다. 항상 진실만을 말해야지.'라고 말하거나 어떤 경우 혼을 내기도 할 겁니다. 부모님이 우리에게 거짓말을 해선 안 된다고 말을 하는 순간, 우리는 상상 속 구름 위에서 어쩔 수 없이 내려와 현실로 돌아올 수밖에 없습니다.

이와 비슷하게, 학교에서 자리에 앉아 창밖의 햇살에 빛나는 나뭇잎을 바라보거나, 홀로 피어 있는 꽃향기를 느껴선 안 되지요. 만약 우리가 날아다니는 파리 한 마리를 바라보고 있다면, 선생님은 '왜 책을 안 보고 집중을 안 하는 거니?'라고 한마디 할 것이고, 우리는 그 즉시 날아다니는 파리에 대한 상상을 접게 됩니다. 이와 같은 것들은 우리의 유년 시절 내내 이어진답니다. 성공을 위한 두려움, 절망, 시험, 성적 그리고 경쟁, 이러한 것들이 우리의 삶을 어둡게 만들고, 이와 같은 것들과 함께 고통이 시작되는 것입니다. 어느 샌가 구름 위에서 내려와 있고, 폭풍과 무지개는 저만치 사라져버리지요. 돈을 위해 전투적이고, 표독한 그리고 속임수를 쓰는 사람이 되어 있거나, 계획된 대로 실행에 옮기는 사회인이 되어 있을 수도 있습니다. 그 어느 경우에도 꿈은 사라지고 없습니다. 상상의 세계는 결국 사라져 버린다는 것입니다.

상상력을 가지는 것은 좋은 일이지요. 시를 쓰기 위해

서 혹은 그림을 그리기 위해선 상상력이 필수예요. 그림을 한 번 그려본 적 있나요? 선생님이 꽃병이나 물건 하나를 가지고 와서 탁자 위에 올려놓고 그대로 그려보라고 하신 적이 있나요? 그럼 선생님께서 시키신 대로 있는 그대로 사물을 그렸나요? 그게 아니라면, 꽃병 속에 햇살이 비친 잎사귀를 보고 느껴지는 대로 그리려고 했나요? 다시 말해, 상상 속에 펼쳐진 구름, 비, 폭풍, 강을 담아 그림을 자유롭게 그리려고 했었는지 묻는 겁니다. 진정한 아름다움은 바로 그 속에 존재하기 때문입니다.

4

어떤 영향을 미치나요?

두려움은 우리에게

언젠가 캘리포니아를 걷고 있을 때, 날고 있는 새를 보려고 앞을 보지 않고 걸어갔던 적이 있었지요. 갑자기 퍼드득하는 소리가 들려 소리 나는 방향을 보고 나는 소스라치게 놀랐었어요. 커다란 방울뱀이 노려보고 있었기 때문이지요. 알고 있겠지만, 방울뱀은 독을 가지고 있어요. 하지만 방울뱀을 보통 신사적인 뱀이라고 불리는데, 이는 공격하기 전에 경고 신호를 먼저 주기 때문입니다. 코브라나 다른 뱀들처럼 예고 없이 공격하는 뱀이 아니란 얘기지요. 내가 본 방울뱀은 꽤 컸어요. 나는 그 뱀으로부터 조금 떨어진 위치에 서서, 그 뱀과 눈을 맞추었지요. 그래서 그 뱀의 피부 무늬, 커다란 머리, 눈커풀이 없어 깜빡거리지 않는 눈 그리고 낼름거리는 검은 혓바닥까지, 모두 선명하게 두 눈으로 볼 수 있었어요. 서로 그렇게 쳐다본 지 얼마 후, 그 뱀은 나에게서 멀어져 갔지요. 하지만 뱀이 물러남과 동시에 내가 그쪽으로 가까이 다가가니, 그 뱀은 다시 몸을 웅크리고 공격할 준비를 했어요. 뱀과 나는 이와 같은 대치를 거의 30분 동안 지속했지요. 30분이 지나고 그 뱀도 슬슬 피곤한 기색을 보이며 어떻게 해야 할지 모르는 눈치였어요. 결국, 뱀은 다시 서서히 멀어져갔고, 가면서도 시선은 나에게 고정한 채 내가 다시 가까이 오면 공격할 준비를 했어요. 그리곤 수풀 속으로 빠르게 사라져버렸지요.

이와 같이, 우리 안에 피어오르는 모든 두려움을 응시하도록 하세요. 그 두려움이 뱀에 대한 것이든, 부모님에 대한 것이든, 다른 친구에 대한 것이든, 선생님에 대한 것이든 혹은 그 어떠한 것에 관한 것이든, 그 두려움으로부터 도망치지 마세요. 다만, 그 두려움을 관찰하고, 질문을 던져, 그 두려움이 무엇인지 직접 확인하세요. 두려움을 응시하고 그것으로부터 배움을 얻으세요.

두려움을 이해하는 것은 아주 중요합니다. 두려움이 무엇인지 아시나요?

두려움은 우리가 어렸을 때부터 시작되지요. 우리는 부모님, 선생님과 같은 주변의 어른들을 두려워해요. 우리가 자라면서 이 두려움은 계속되지요. 젊은 사람들뿐만 아니라 어른들까지도 이 세상에 사는 모든 이들은 두려움이란 이 감정을 가지고 살아갑니다. 우리는 언제 두려움을 느끼나요? 두려움은 타인이 우리에 관해 하는 말 혹은 부모님이 우리에 대해 하는 말로부터 옵니다. 우리는 비판받는 것, 체벌받는 것 그리고 시험에 통과하지 못하는 것에 두려움을 느끼지요. 선생님이 우리를 혼낼 때 혹은 우리가 반이나 학교, 생활하는 모든 곳에서 다른 이들과 잘 어울리지 못할 때, 두려움은 조금씩 우리 안에서 커져갈 것입니다. 그렇지 않나요?

어른들은 우리를 훈육할 힘도, 밀쳐낼 힘도, 방 안에

얌전히 있을 것을 강요하는 힘도 있어요. 결국 집이든 학교에서든 우리는 두려움 속에서 훈육되고 있는 것입니다. 우리의 삶은 두려움 속에서 형성되고, 어려서부터 죽을 때까지 우리는 두려워하지요. 또 두려움이 우리에게 어떤 영향을 미치는지 아나요? 두려움을 느낄 때, 배가 아파오고, 식은땀이 나고, 악몽을 꿨던 적이 있지 않나요? 우리는 두려워하는 이들과 함께 어울리고 싶지 않을 것입니다. 이 두려움과 함께 우리는 대학교를 가고, 이 두려움과 함께 또 다른 두려움을 향해 대학교를 졸업하지요. 이 깊이 있는 커다란 흐름, 그것이 우리가 삶이라 부르는 것입니다.

결국, 첫 번째로 중요한 것은 두려움으로부터 자유로워져야 한다는 거죠. 두려움은 우리의 정신을 어지럽게 만들고, 우리의 사고력을 저하시키고, 기분을 암울하게 만들기 때문입니다. 우리가 두려움을 느끼는 한, 우린 결코 새로운 세상을 창조하지 못할 겁니다.

그렇다면 두려움을 어떻게 알아볼 수 있나요?

친구들이나 다른 이들이 우리에 대해 어떻게 생각하는지 두려워하지는 않나요? 우리들은, 특히 어렸을 땐, 타인과 비슷해지길 원하고, 비슷한 옷을 입길 원하고, 비슷하게 말하기를 원하지요. 우리는 조금이라도 다른 모습을 보이고 싶어 하지 않아요. 다르다는 것은 순종하지 않음을, 패턴을 받아들이지 않음을 암시하기 때문이에요. 패턴에 의구심을 가지는 순간, 두려움은 나타납니다. 이제 두려움을 시험해 보고, 그 안을 들여다보세요. '나 무서워.'라고 말하고 도망치지 마세요. 바라보고, 똑바로 직면하세요. 그리고 왜 우리가 그 대상을 두려워하는지 생각해 보세요.

두려움의 원인 중 하나는 비교하는 겁니다. 우리 사회는 비교하는 것에 만연해 있고, 우리는 비교하는 것이 성장을 위한 발판이라 생각하지요. 선생님이 우리를 좀 더 똑똑한 친구와 비교한다면, 어떻게 느끼나요? 우리가 남들과 비교당할 때 어떤 생각을 가지게 되는지 의식해본 적 있나요? '저 아이들처럼 공부를 열심히 해보렴.'이라고 선생님이 말했다고 합시다. 우리는 더욱 열심히,

온 힘을 다해 다른 아이들처럼 공부를 하고, 좀 더 나은 성적을 받으려 하겠지요. 그렇게 되면 우리는 계속해서 힘겹게 공부를 해야 할 겁니다. 우리보다 똑똑한 다른 친구들과 경쟁을 하면서 말입니다. 그리고 우리는 끊임없이 똑똑한 친구들을 시샘하겠지요. 결국, 비교는 시샘과 질투를 낳습니다. 질투는 두려움의 시작이지요. 우리를 다른 사람과 비교할 때, 비교하는 다른 사람이 우리보다 더욱 중요한 위치에 놓이게 될 겁니다. 우리가 가진 역량, 경향, 우리만의 어려움이나 문제, 우리 자체의 모습은 중요하게 생각하지 않은 채, 다른 사람이 더욱 중요해져 버리게 되는 거지요. 결국 우리 스스로는 옆으로 제켜둔 채, 다른 사람이 되기 위해 온 힘을 다하게 될 겁니다. 타인이 되고자 하는 자신만의 힘겨운 싸움 속에 시기와 질투가 태어나는 것입니다.

두려움을 가지게 되면, 주도권은 사라지게 됩니다. 여기서 말하는 주도권이란 자신이 창조해 낸 자신 고유의 것을 만들어내는 힘을 의미하지요. 누군가에 의해 배우거나, 압박받거나, 조정당하여 이뤄내는 것이 아닌, 즉 흥적이고 자연스러운 자신만의 창조의 힘. 다시 말해, 자신이 사랑하는 일을 하는 것, 그 자체를 의미합니다. 길을 걷다가 다른 사람이 즉흥적으로, 자연스럽게 마음에서 우러나와, 그 누구도 시키지 않은 착한 일을 하는 것을 본 적이 있나요? 당신 안에 두려움이 존재한다면, 그와 같은 일은 당신 삶 속에 결코 일어나지 않을 겁니다. 당신은 무감각해져 주변에서 일어나는 일들에 무신경하게 되기 때문이겠지요.

어떻게 하면 두려움으로부터 자유로워질 수 있나요?

뱀에 대한 두려움, 반에서 따돌림당하는 두려움, 부모님에 대한 두려움, 사회에 대한 두려움, 종교적 혹은 정치적 리더에 대한 두려움과 같은 다양한 두려움들이 존재합니다. 이와 같은 것들로부터 어떻게 하면 자유로워질 수 있나요? 아니, 어떻게 해야 반드시 두려움으로부터 벗어날 수 있을까요? 두려움에서 자유롭지 않다면, 우리는 어둠 속에서 삶을 살아가야 할 겁니다. 멋진 조명이 있는 화사한 집을 가졌을 수도 있고, 좋은 배우자와 결혼을 했을 수도 있겠지만, 어떠한 형태로든 두려움을 가지고 있다면, 우리의 삶은 항상 어둠 속에 드리워져 있다고 할 수 있지요. 따라서 두려움으로부터 자유로워지는 방법을 찾아내는 것은 굉장히 중요한 일입니다.

두려움에서 자유로워지기 위해선, 자신이 두려워하고 있다는 사실을 깨달아야 합니다. 그리고 그 두려움으로부터 도망쳐선 안 되지요. 두려워하고 있다는 사실을 깨닫는 순간, 보통 어떻게 행동하나요? 아마 그 대상으로부터 도망칠 것입니다. 그렇지 않나요? 책을 한 권 집어든다든지, 갑작스레 산책을 나간다든지 어떻게 해서든 잊으려고 노력할 겁니다. 두려움을 깨닫고는 있으나, 그것을 어떻게 해결해야 하는지 모르는 상태라고 할 수 있지요. 직면하기에 너무 두렵다 보니, 어떠한 형태로든지 도망치려고 하는 것입니다. 계속해서 문제로부터 도망치려 하겠지만, 이는 문제해결에 아무런 도움이 되지 않습니다. 오히려 마주 서야만 해요.

자, 이제 두려움을 마주 볼 수 있나요?

우리가 새를 자세하게 알아보고자 한다면, 날개의 모양, 다리, 부리를 아주 가까이에서 관찰해야만 하겠지요. 우리가 도망을 간다면, 그건 우리가 두려움을 더욱 키우는 것밖에 되지 않아요.

두려움은 다른 대상에 연관되어 존재하는 것입니다. 그 자체만으로는 존재하지 않아요. 뱀에 연관되어있거나, 부모님이나 선생님의 말에 연관되어있거나, 혹은 죽음에 연관되어있거나 두려움은 항상 무언가에 연관되어 있습니다. 다시 말해, 두려움은 그 자체로 존재하는 대상이 아니라, 다른 대상에 부가되어, 연관되어 존재하는 개념이라는 것이지요. 우리의 두려움이 다른 무언가에 연관되어 있다는 사실을 깨닫고 있나요? 부모님 혹은 선생님을 두려워하지는 않나요? 그러지 않길 바라지만, 그게 맞을 겁니다. 시험을 망칠까 봐 두려워하는 것은 아닌가요? 혹은 사람들이 당신을 좋은 사람으로 생각하지 않을 것 같아서, 당신에게 칭찬을 하지 않을까 봐 두려워하는 것은 아닌가요? 우리들의 두려움은 우리들이 더 잘 알고 있지 않나요?

즉, 첫 번째로, 자신이 두려워하는 대상이 무엇인지를 반드시 알아야 합니다. 그다음 왜 그 대상이 두려운지 이해하는 것이 중요합니다. 그 두려움은 우리의 생각과는 완전히 다른 것인가요? 우리들의 마음이 과거의 경험으로부터 혹은 알 수 없는 미래로부터 우리들을 지키기 위해 두려움을 만들어낸 것은 아닌가요? 두려움은 변질되는 경우가 많아요. 따라서 두려움으로부터 자유로워지기 위해선, 우리들의 마음이 어떻게 두려움을 만들어내는지 이해해야만 하지요. 마음 자체가 만들어내는 것을 제외하곤 두려움이란 사실, 실제로 존재하는 것이 아닙니다. 우리 마음은 안식처와 같은 안락함을 그리고 다양한 형태로 스스로를 보호하고자 하는 욕구를 가지고 있어요. 이런 욕구가 존재하는 한, 두려움은 항상 존재하겠지요. 욕구와 권위를 이해하는 것은 굉장히 중요해요. 이 두 가지는 파괴적인 두려움의 지표이기 때문입니다.

5

강둑에 앉아 흘러가는 강물을 바라본 적이 있나요?

흘러가는 강물에 우리가 할 수 있는 것은 없을 겁니다. 물이 있고, 그 안에 함께 흘러가는 나뭇잎과 나뭇가지들을 그저 바라볼 뿐이지요. 물의 움직임, 그 흐름과 가득함을 지켜보는 것입니다. 우리가 할 수 있는 것은 아무것도 없어요. 그냥 지켜볼 뿐, 물은 흘러가지요. 이와 비슷하게, 지금부터 내가 하는 말을 가만히 들어보세요.

자유는 질서 없이는 존재할 수 없어요. 이 둘은 항상 양립하지요. 우리에게 질서가 존재하지 않는다면, 자유

역시 존재하지 않는 겁니다. 이 둘은 불가분의 관계지요. 만약 우리가 '내가 좋아하는 것을 할 거야. 내가 원할 때 식사를 하고, 내가 원할 때 수업을 들으러 갈 거야.'라고 한다면 무질서를 만들어내는 것입니다. 때문에, 다른 사람들이 무엇을 원하는지 역시 고려해야만 해요. 다양한 일들을 순조롭게 진행해나가려면, 일단 제시간에 도착해야 하지요. 남들에게 예의바르게 행동하고, 남을 배려하고, 타인을 생각해야만 합니다. 내적 그리고 외적으로 나타나는 타인에 대한 생각, 사려 깊은 마음 그리고 배려 속에서 질서는 나타납니다. 그 질서 속에서 자유는 피어나는 것이지요.

만약 누군가 우리에게 무엇을 할지, 무엇을 생각할지 혹은 복종할 것, 따를 것을 요구한다면 그 행위는 우리에게 어떤 영향을 미치는지 아나요? 우리들의 생각이 무뎌지게 될 겁니다. 생각의 자주성과 신속성을 잃어버리게 된다는 말입니다. 이와 같은 외부로부터의 훈육 방식은 우리들의 생각을 아둔하게 만들어서 타인과 비슷하게 만들고, 타인을 모방하도록 만들지요. 그러나 스스로 보고, 듣고, 사려 깊고, 남을 배려함을 통해 스스로를 훈육한다면, 스스로에 대해서 관찰하고, 귀를 기울이고 타인에 대한 배려를 통해 질서가 따라옵니다. 질서가 있는 곳엔 항상 자유가 존재하는 겁니다.

우리가 소리를 지르거나 말을 하고 있다면, 다른 이가 무슨 말을 하는지 들을 수가 없겠지요. 오직 조용히 앉아 주의를 기울일 때, 타인이 하는 말을 명확하게 들을 수가 있을 겁니다. 우리에게 보고, 듣고, 사려 깊은 자유가 없다면, 우리들은 질서를 가질 수 없습니다. 자유와 질서에 대한 문제는 우리 삶 속의 가장 어렵고 긴급한 문제들 중의 하나입니다. 이건 굉장히 복잡한 문제예요. 이 문제는 수학, 지리 혹은 역사 같은 학문보다 훨씬 더 많이 연구되어 온 것입니다.

우리가 진정으로 자유롭지 않다면, 우리는 가능성을 꽃피울 수도 없고, 타인에게 좋은 사람이 될 수도 없으며, 삶의 아름다움은 사라지게 될 것입니다. 새가 자유롭지 않다면, 날 수가 없겠지요. 씨앗이 싹을 틔울 자유도, 흙을 뚫고 새싹이 뻗어 나올 자유도 없다면, 죽은 씨앗이 되고 말 것입니다. 모든 것들은 자유를 가져야만 해요. 사람도 같습니다. 인간은 자유를 두려워하고 자유를 원하지 않을 때가 많아요. 새, 강, 나무, 이 모두가 자유를 원하듯, 우리 인간도 자유를 갈망해야 합니다. 반쪽자리 갈망이 아닌 온전한 갈망을 말입니다. 자유, 생각의 표현에 대한 독립, 행동의 자유는 우리 삶 속에 가장 중요한 것들이고 분노, 질투, 잔인성으로부터의 자유 그리고 자기 내면의 자유야말로 가장 어렵고 위험한 것들입니다.

단순이 원한다고 해서 자유를 가질 수 있는 것은 아니지요. '나는 내가 원하는 것을 할 거야.'라고 말한다고 자유가 얻어지는 것이 아니라는 겁니다. 다른 사람들도 자유롭고 싶고, 느끼는 바를 표현하고 싶고, 자신이 원하는 바를 성취하고 싶고, 자신의 분노, 잔인성, 야망, 경쟁심과 같은 것들을 표현하고 싶어 하기 때문입니다. 다시 말해, 타인의 자유와 충돌이 항상 존재한다는 뜻이에요. 내가 무언가를 하고 싶어 하고, 당신도 무언가를 하고 싶어 하고 그렇기에 우리는 충돌하는 것입니다. 우리는 혼자서 살아가는 것이 아니기에, 자유란 자신이 원하는 것을 자유롭게 하는 것을 의미하는 것이 아닙니다. 심지어 승려나 수행자들 역시 자신이 원하는 바로부터 자유로운 것이 아니에요. 그들 역시 자신이 원하는 것을 위해 애쓰고, 자기 자신과 싸우며, 스스로와 끊임없이 대면하지요. 이는 엄청난 지성과 감수성 그리고 자유에 대한 이해를 요구해요. 이는 속하고 있는 문화권과는 상관없이, 인간이라면 자유로워지기 위하여 반드시 필요한 것들입니다. 자, 우리들이 이제껏 보았다시피, 자유는 질서 없이는 존재하지 않는 것입니다.

다시 말하지만, 질서 없이는 자유도 없습니다. 그리고 질서는 곧 규율을 의미하지요. 나는 규율이라는 단어를 그다지 좋아하지 않습니다. 규율이란 단어는 수많은 의미를 내재하고 있기 때문이에요. 규율은 보통 통일성, 모방 그리고 순종을 의미해요. 이는 우리에게 시켜진 일을 행하도록 하는 것을 의미하지요. 하지만 우리가 진정으로 자유롭고 싶다면 (물론 모든 인간은 반드시 완전히 자유로워야 해요. 그렇지 않으면 우린 꽃을 피울 수도, 진정한 인간이라고 볼 수도 없기 때문이지요), 정리 정돈을 해야 하고 시간도 엄수하고, 착하고, 너그럽고, 무엇도 두려워하지 않는 상태가 무엇인지 본인 스스로 깨달아야 합니다. 이 모든 것들을 깨닫는 것이 바로 규율이에요. 이 규율이 결국은 질서를 가져오지요. 이를 알기 위해선, 스스로를 돌아다보고, 스스로를 돌아다보기 위해선 스스로 자유로워야 해요. 우리가 사려 깊고, 주변을 돌아보고 제대로 듣는다면, 우리는 자유로운 상태일 것이고, 이 자유로운 상태 속에서 우리의 삶은 그 자체로 생기가 넘치기에, 스스로 모든 것들을 옳은 방법으로 하고 싶어지게 될 겁니다.

6

질
서
란 무
   엇
   인
   가
   요
   ?

한 번이라도 우리들이 어째서 많은 것들을 대충하는지 생각해본 적 있나요? 옷을 입는 방법이라든지, 일상 생활 속 매너라든지 혹은 우리의 생각, 우리가 하는 수많은 행동들 말입니다. 우리는 어째서 시간을 제대로 지키지 않고 다른 이들을 배려하지 않는 것일까요? 그렇다면 모든 것들, 우리가 입는 옷, 우리의 생각, 우리의 말, 우리가 걷는 방법, 우리가 타인을 대하는 방법, 이 속에 질서를 가져오는 것은 과연 무엇일까요? 그 어떠한 충동이나 계획 없이, 이 신기한 질서를 가져오는 것은 과연 무엇인지, 생각해 본 적 있나요?

우리가 말하는 질서가 무엇을 의미하는지 아시나요? 어떠한 강요 없이 조용히 앉아 있는 것, 서두르지 않고 우아하게 밥을 먹는 것, 느긋하게 하지만 정확하게, 분명하면서도 트인 생각을 하는 것을 의미합니다. 우리 삶속에 질서를 가져오는 것은 무엇일까요? 이는 굉장히 중요한 질문이고, 누군가가 질서를 가져오는 요소를 발견하는 방법을 배울 수 있다면, 그것이야말로 굉장한 발걸음이라고 할 수 있어요.

꽃을 아주 가까이에서 본 적이 있나요? 가녀린 꽃잎들을 가진 채, 놀라울 만큼 부드러움과 향기로움 그리고 그 사랑스러움까지, 정말 신기할 정도로 모든 것들이 세밀하지요. 만약 누군가가 정돈된 생활을 하고자 한다면, 우리의 삶은 굉장히 명확해질 수 있겠지만, 동시에 어떠한 노력도 하지 않았을 때는, 마치 꽃과도 같은 부드러운 면을 잃어버리게 됩니다. 결국, 우리가 마주하게 되는 어려움은 큰 노력 없이도 정확함, 분명함 그리고 생각의 융통성을 견지할 수 있어야 한다는 것이지요.

그렇다면, 우리가 어떻게 해야 넓고 트인 생각을 가지면서도, 명확하게 정돈된 생각을 가지며 살아갈 수 있을까요?

내 생각엔 우리들은 그렇게 살아가지 않는 경우가 더 많아요. 우리가 어떤 것도 열정적으로 느끼지 않기 때문입니다. 우리는 그 누구에게도 온전히 우리 마음과 생각을 열어주지는 않아요. 언젠가 풍성한 털을 가진 두 마리의 다람쥐가 높은 나무를 오르내리며 서로를 쫓아다니는 것을 본 적이 있어요. 그 다람쥐들에겐 그 자체가 삶의 즐거움이기 때문이겠지만 우리들은 깊이 무언가를 느끼지 않으면 삶의 즐거움을 느낄 수 없습니다. 만약 우리가 특별할 정도로 모든 것에 수용적이고, 세심하다면, 그 감수성이 우리에게 질서를 가져다 줄 것입니다.

타인에게 절대 기대선 안 됩니다. 다른 누군가가 자유와 질서를 가져다 줄 것이라 생각해서도 안돼요. 그 다른 누군가가 우리의 아버지, 어머니 혹은 선생님이라 할지라도 말이지요. 우리 스스로 우리 내면에 자유와 질서를 가져와야 합니다. 자유와 질서를 다른 이에게 부탁할 수 없다는 사실, 이것이야말로 우리가 첫 번째로 깨달아야 하는 사실입니다. 이에 관해 물어보는 것조차도 해선 안 됩니다. 그것이 우리의 스승 혹은 우리가 믿는 신일지라도 말입니다. 따라서 자유와 질서를 우리 내면에 어떠한 방식으로 가져와야 하는지 직접 느껴야 하지요.

그 방법이란, 우리가 스스로를 직접 관찰하여 좋은 사람이 되는 방법, 친절한 사람이 되는 방법, 타인을 배려하는 사람이 되는 방법을 알아내는 것입니다. 이 방법들을 고찰하는 과정 속에 그리고 스스로를 면밀히 관찰하는 과정 속에, 우리 스스로 질서와 그에 따른 자유를 내면에 가져오게 만드는 것입니다. 우리는 다른 이들이 우리에게 무언가를 하라고 시키는 것에 의존합니다. 수업 시간에 창문 밖을 멍하니 바라봐선 안 된다든가, 시간을 잘 지켜야 된다든가, 남들에게 친절해야 한다와 같은 것들 말이지요. 스스로에게 '내가 원하면 창문 밖을 바라봐야지. 하지만 내가 공부를 하고 있을 때, 나는 책을 볼 거야.'라고 본인이 생각을 하게 만든다면, 우리는 타인의 명령 없이도, 스스로의 내면 속에 질서를 가져올 수 있을 겁니다.

혼자 걸을 때가 많은가요? 아니면 항상 남들과 함께 걸어가나요?

아직은 어리니 너무 멀리 가지는 않더라도, 혼자 밖으로 나가게 되면, 스스로에 대해서 알게 되는 것들이 있을 겁니다. 우리의 생각, 우리의 느낌, 선행이란 무엇인지, 스스로 되고 싶은 것이 무엇인지, 직접 느껴보세요. 우리가 항상 친구들 혹은 여러 명의 사람들과 함께 이야기하며 걷는다면, 스스로에 대해 알아낼 기회는 없을 겁니다. 그러니 가끔 나무 아래에 아무것도 가지지 말고 앉아보세요. 그리곤 가만히 별, 하늘, 새들, 나뭇잎의 모양을 바라보세요. 그림자도 한 번 바라보세요. 하늘을 가로질러 날아가는 새들을 보는 것도 좋겠지요. 홀로 나무 아래 조용히 앉아 있으면, 생각하는 방식을 이해하기 시작할 수 있고, 이는 학교에 가는 것만큼이나 중요한 것입니다.

크리슈나무르티에 대해서

    크리슈나무르티는 전 시대를 통틀어 훌륭한 스승들 중 하나로 여겨지는 인물입니다. 하지만 크리슈나무르티는 스스로를 선생이라 칭한 적은 없습니다. 그의 어린 시절, 그는 또래 아이들과는 매우 다른, 자연을 가까이 하고, 주변의 삶을 돌보고, 사려 깊고, 배려하는 마음과 동정심으로 가득한 아이였습니다. 크리슈나무르티는 눈에 띄게 독특한 방식으로 삶을 통찰했으며, 세계 곳곳을 여행하며 우리 삶의 외적인 문제들과 진실 혹은 행복을 찾아 나서는 방법에 대해 많은 이들 앞에서 강연을 하기도 했습니다. 크리슈나무르티가 가는 곳마다 사람들은 그에게 다가와 자신의 문제를 의논했으며, 크리슈나무르티는 그런 사람들이 각자의 삶을 이해할 수 있도록 도움을 주었습니다. 저명한 과학자, 철학자, 심리학자, 교육자 그리고 여러 종교인들과 현대의 직면한 사상들 그리고 오래된 지혜에 대해 대화를 나누기도 했습니다. 그는 정신적, 종교적인 문제들에 대해 권위라는 개념을 강하게 비판하였으며, 인간이 당면한 문제는 오직 한 가지 방법으로만 해결이 가능하다고 강조했습니다. 그것은 다름 아닌 바로 자기 내면의 힘이었습니다.

크리슈나무르티는 어느 한 나라, 한 부분만을 걱정하는 것이 아닌, 전 인류를 보살피고자 했던 세계적인 인물이었습니다. 그는 우리가 지구에 잠시 머물고 있는 손님인 것처럼, 이 땅 위에 살고 있는 모든 것들을 보살피며 살아가기를 원했지요. 그는 진심으로 자연을 사랑했으며, 그가 묘사하는 자연에 대한 표현들은 그가 얼마나 통찰력 있게 자연의 아름다움과 경이로움을 바라보았는지 알 수 있게 합니다. 이는 그가 저술한 많은 글 속에서도 찾아볼 수 있으며, 이는 현대 문학에 새로운 공헌을 해왔습니다. 그 누구도 크리슈나무르티의 철학을 쉽게 말할 순 없을 것입니다. 그러나 그가 쓴 글들은 우리가 그의 철학을 이해할 수 있게 만들어줄 거울과도 같은 역할을 하고 있습니다.

크리슈나무르티는 권위적이지 않고, 비교와 경쟁으로부터 자유로운 새로운 교육의 기회를 아이들에게 주고자 많은 학교들을 설립했습니다. 그가 설립한 학교는 인도, 영국 그리고 미국에 위치해 있으며 그는 매년 간담회를 열고, 선생님들, 학생들 그리고 부모님들과 함께 압박감이 없는 삶과 배움의 중요성에 대해 논의해왔습니다. 또한 그는 대학생들과 많은 대화를 나누며, 학생들이 삶의 어려움을 극복하는 방법을 찾아가도록 도움을 주었지요. 그의 가르침은 전 세계에 있는 셀 수 없이 많은 사람들의 삶에 영향을 주었고, 새로운 형태의 교육과 삶을 몸소 보여주기도 했습니다.

크리슈나무르티에 따르면 우리 자신을 완전히 바꾸는 것은 분명 가능한 일입니다. 일반적으로 우리가 아는 천천히 시간을 가지고 바꾸는 것이 아닌, 즉각적인 변화 말입니다. 우리 자신을 바꿈으로써, 우리가 맺고 있는 다양한 관계와 사회 구조 전체까지도 바꿀 수 있다고 그는 믿어왔습니다. 크리슈나무르티는 거대한 사회 속에 필수적인 변화에 대한 필요성을 대외적으로 분명하게 설파해왔으며, 그의 가르침은 온라인상의 오디오, 비디오 그리고《아는 것들로부터의 자유》《인생에 대하여》《최초 그리고 최후의 자유》그리고《정신은 고요해질 수 있는 것인가?》등과 같은 저명한 많은 서적 속에서 찾아볼 수 있습니다.

더 많은 정보와 가르침은 www.jkrishnamurti.org에서 찾을 수 있습니다.

아무것도 아닌 것이 행복이다

초판 1쇄 인쇄	2022년 10월 14일
초판 1쇄 발행	2022년 11월 2일

글	크리슈나무르티
옮긴이	장승윤

펴낸곳	도서출판 멜론
펴낸이	김태광
편집	멜론 편집부
디자인	노은하

출판등록	2007년 5월 23일 제2013-000334호
주소	서울 마포구 잔다리로 47 B1층 (서교동 373-3)
전화	02-323-4762
팩스	02-323-4764
이메일	mellonml@naver.com
인스타그램	@mellonbooks
ISBN	979-11-89004-44-6 03100